SUPER COLEÇÃO DE OCULTISMO

Três Livros de Magia e Feitiçaria em Apenas Um

LEIRBAG PRESS

ISBN: 978-1-7774385-8-6

Publicado por Leirbag Press, um selo de Virgo Publishers.

Dúvidas, solicitações, contato comercial e outros, devem ser enviados para o email contato@virgopublishers.com.

Nota da Editora

Os três livros que fazem parte desta coleção são apresentados com 100% de seus conteúdos e estão listados a seguir:

Segredos da Magia e Bruxaria

Instruções Para a Prática de Rituais Mágicos e Feitiços

Pierre Macedo

Antes de Iniciar Sua Leitura

Aconselho você a ler todos os doze capítulos que fazem parte deste livro, seguindo a ordem em que estão apresentados aqui. Os conceitos e técnicas introduzidos e detalhados em um capítulo, não são explicados novamente nas seções seguintes. A leitura completa deste livro é a melhor maneira de aproveitá-lo ao máximo.

Pierre Macedo

Conteúdo

Figuras e Tabelas

INTRODUÇÃO

A inspiração para escrever este livro surgiu das minhas dificuldades em aprender as artes ocultas. Quando descobri que poderia ter um maior controle sobre a minha vida através da magia, eu decidi que iria começar a estudar o assunto para colocá-lo em prática o mais rápido possível. Eu só não imaginava que seria tão difícil encontrar as fontes de informação corretas que me permitiriam aprender o que eu desejava em um curto período de tempo. Porém, o primeiro passo já havia sido dado e aquele caminho não tinha mais volta.

Uma vez que a magia é um tema muito amplo, há centenas de livros que abordam diferentes técnicas, a maioria deles contendo um amontoado de teorias e pouca prática. O aluno que realmente quer mergulhar no assunto precisa ler uma variedade de conteúdo antes que ele possa começar a aplicar esse conhecimento em sua vida. Pensando nisso, decidi criar um livro que fosse direto ao ponto, permitindo aos leitores usarem o que estão aprendendo de forma bem mais rápida.

Segredos da Magia e Bruxaria apresenta uma variedade de feitiços e rituais mágicos para diferentes áreas, como amor, dinheiro, beleza, manipulação, evocações, etc. Todos os feitiços apresentados aqui são exclusivos deste livro. Se você é um principiante, este material é perfeito para você, porque a linguagem usada é fácil de compreender e tudo é explicado em detalhes. Se já é familiarizado com a magia, você vai encontrar aqui novas técnicas que lhe permitirão progredir em suas práticas ou corrigir o que não está dando o resultado esperado. Portanto, eu defino esta obra como prática e avançada, mas que ao mesmo tempo é adequada para ser lida por qualquer um que deseja introduzir os mistérios da magia e da feitiçaria em sua vida.

Você vai notar que eu faço uso de ambas as palavras mago e bruxo. Em geral não há diferença entre elas. O problema é que muitos praticantes de magia não gostam de serem chamados de bruxos. Porém, posso assegurar que os verdadeiros magos são poucos e raros e eles não precisam de feitiços ou evocações para atingir os seus objetivos, porque eles possuem os seus próprios poderes.

O foco principal deste livro é a magia branca, embora contenha feitiços de amor e manipulação que só podem ser classificados como magia negra. A diferença entre estes dois termos está na intenção do praticante. Se você quer atrair algo para sua vida sem diretamente causar dano a qualquer pessoa, isso é magia branca. Já se você explicitamente deseja mudar o curso da vida de alguém, isso se trata de magia negra. Muitos, inclusive eu, acreditam em algo chamado carma que consiste em colher o que você planta. Se você fizer coisas boas para os outros, então isso é o que você vai receber nesta vida ou na próxima. Cabe a você decidir qual caminho seguir.

É importante dizer que a partir do momento em que você começa a trilhar este caminho, você realmente tem que acreditar nele para que tudo funcione de maneira eficaz. Sua mente tem o poder de fazer duas coisas essenciais: destruir trabalhos mágicos e dar vida a eles. Isto se aplica principalmente quando estamos trabalhando sem a ajuda de quaisquer seres espirituais. Este tipo de feitiço é altamente dependente do subconsciente do mago ou bruxo, enquanto os feitos com a ajuda de alguma entidade vão depender mais da própria entidade.

Todos os feitiços foram cuidadosamente preparados misturando magia antiga e moderna. Apesar de não precisarmos mais fazer todo o trabalho duro que nossos ancestrais costumavam fazer, não podemos nos livrar completamente de alguns procedimentos necessários, tais como a purificação do corpo e alma. Estes podem ditar o sucesso do nosso trabalho, porque ao fazer magia, estamos lidando com forças superiores que não compartilham de nossas características humanas responsáveis por nos tornar seres impuros.

Agora você tem em suas mãos a chave para mudar o curso da sua vida. Use-a sabiamente. Lhe desejo boa sorte em sua jornada mágica. Que o universo conspire a seu favor.

CAPÍTULO 1

INSTRUÇÕES GERAIS

Vamos começar com algumas instruções básicas que todos aqueles que desejam se tornar um iniciado devem saber. Muitos aspirantes a magos e bruxos ignoram estes passos por pura falta de conhecimento ou porque querem fazer as coisas mais rapidamente, mas há também aqueles que pensam que já são muito experientes e não precisam se ater a atos que devem preceder qualquer ritual. Não consagrar um altar por exemplo, é desrespeitoso para com as energias que você espera receber lá. Usar uma varinha ou outro instrumento mágico sem uma preparação adequada é o mesmo que usar nada. Da mesma forma que você se prepara para receber as visitas do mundo físico em sua casa, você também deve se preparar para receber as visitas do plano astral.

Autopreparação

Você provavelmente está lendo este livro, porque quer algo diferente em relação ao que a maioria dos outros livros geralmente trazem. Você quer uma maneira rápida de começar a usar as principais técnicas de bruxaria, e é exatamente isso o que você terá. Eu prometo que não vou te ensinar longos fundamentos de magia, mas devo dizer que você não pode pular ou pelo menos não deveria pular algumas técnicas de autopreparação antes de lançar um feitiço ou realizar qualquer outro ato mágico. Para alcançar bons resultados, vou lhe mostrar como se alinhar com as mais altas forças do universo, para que seu trabalho mágico possa receber a energia necessária para trazer o resultado desejado.

Primeiro você precisa ter em mente que sua energia vai afetar todos os seus feitiços e rituais. Não é uma possibilidade; isso irá acontecer com certeza. O que temos de fazer é garantir que esta influência ocorra de uma forma benéfica, ao invés de guiar o nosso trabalho para o fracasso. Seu estado emocional não vai ditar o curso de seus feitiços, mas pode funcionar ou dando mais poder para que eles acelerem e concluam sua tarefa, ou construindo uma barreira que irá impedir que eles passem.

Uma coisa que é obrigatória ao usar magia é acreditar que vai funcionar. Isso se deve não apenas porque a nossa mente tem o poder de mudar a realidade quando acreditamos fortemente que algo vai acontecer, mas também por causa da barreira mencionada no parágrafo anterior. Quando você duvida de algo mesmo que por um segundo, você está colocando obstáculos em sua aura que fará com que qualquer feitiço trabalhe lentamente ou até mesmo pare de funcionar. Portanto, certifique-se de que você não apenas acredita em suas ações de uma forma vaga, mas também esteja confiante de que elas lhe trarão bons resultados.

Meditar antes de um ritual pode ajudá-lo a canalizar a sua raiva, tristeza ou qualquer outro sentimento forte que esteja conduzindo suas ações, para o campo astral onde sua operação mágica irá acontecer ou para a entidade, no caso de você estar trabalhando com a ajuda de espíritos. Como você pode ver, não importa qual seja seu estado emocional no momento da operação. Obviamente, você não pode estar completamente feliz se está tentando trazer de volta alguém que você perdeu, caso contrário, nada disso seria necessário. É apenas uma questão de transformar esses sentimentos em combustível que irá fornecer uma energia extra para que seus desejos possam, de fato, serem alcançados.

Há também um exercício semelhante à meditação que pode ser usado para canalizar energia para o objeto principal utilizado em um ritual. É simples e deve ser feito minutos antes ou durante a operação mágica. Apenas feche os olhos e concentre-se nas coisas que você quer mudar em sua vida. Visualize-as tornando-se uma realidade e, em seguida, lentamente se transformando em uma luz abstrata branca ou amarela. Através de sua imaginação, envie esta luz para o objeto que você está segurando em suas mãos.

Seu corpo espiritual e físico também deve ser preparado antes que você possa entrar em contato com o outro lado. Ficar pelo menos 24 horas sem comer carne e sem atividade sexual vai purificar o seu espírito. Tome um banho para purificar seu corpo e vista roupas limpas. Isso é um sinal de respeito com o espírito que você irá trabalhar.

O Arranjo do Templo

O templo é o espaço onde todas as operações mágicas são executadas. Pode ser uma sala, um quarto, um jardim, etc. Não importa onde seja, este local deve ser sagrado e inviolável durante o ritual. Em outras palavras, o templo é onde estabelecemos uma conexão com o universo para um propósito maior em nossas vidas. É por isso que deve ser um espaço silencioso onde ninguém vai interrompê-lo.

Os templos podem ser bem decorados com muitas velas, incensos, um lindo altar, tapetes, panos coloridos, etc., ou simples com apenas um altar. Na verdade, o altar é o único item que você deve sempre ter no seu templo. Não precisa ser complexo. Pode ser feito com uma caixa, mesa, banco, etc., mas o que importa é que deva representar o lugar de onde a energia do seu trabalho é liberada para o cosmos e também onde você recebe a energia que vem do cosmos. Por exemplo, se você estiver trabalhando com evocações, o espírito deve se manifestar no altar e suas oferendas também devem ser feitas lá.

O templo deve ser aberto e fechado. Você abre o templo antes de executar o primeiro ato que geralmente é uma oração ou uma invocação e o fecha logo depois de terminar de lançar um feitiço ou agradecer as forças que o ajudaram. Fechar o templo é uma maneira educada de dizer aos espíritos que eles devem partir porque o trabalho está finalizado.

Figura 1. Altar tradicional de bruxa

Abrindo e Fechando o Círculo

Um círculo mágico é o lugar onde você deve ficar enquanto executa um rito. É uma representação do seu universo onde ninguém pode entrar. Enquanto você estiver dentro de um círculo, você está representando o centro do universo, uma força divina, literalmente o chefe. Idealmente é assim que você deve se sentir, especialmente quando se trabalha com evocações, porém, essa consciência leva tempo para ser dominada e, por enquanto, entender o conceito é o mais importante.

Dependendo do seu nível de concentração, você pode escolher entre usar um círculo físico ou um imaginário. Na magia, o mais importante é que tudo o que façamos esteja dentro de nós. Se você imaginar que há um círculo ao seu redor e você acreditar fielmente nisso, o efeito é o mesmo de um desenhado no chão. Depende de você decidir se está apto a manter sua imaginação ativa durante seu ritual.

Nem todos os magos usam círculos. Muitos consideram que já são bem experientes e não precisam mais de um. Por outro lado, bruxas utilizam esta ferramenta em qualquer operação de magia, e uma vez que este livro contém muitos feitiços, irei apresentar as formas mais comuns de se lançar um círculo.

Usando Giz

Este método é muito prático, porque você pode facilmente limpar o chão depois de terminar de usar o círculo. Basta pegar um giz, ir para o leste e se mover no sentido horário, traçando um círculo de tamanho suficiente para que você permaneça sentado dentro dele. Ao fazer isso, diga as seguintes palavras:

> Traço este círculo para ser usado em minhas operações mágicas. Nenhuma força pode adentrar dentro dele, principalmente as negativas. Este é um lugar sagrado e representa o universo onde eu sou o centro. Que assim seja.

Depois que o ritual estiver completo, você deve fechar o círculo antes de sair dele. Esse procedimento é feito desfazendo o círculo no sentido anti-horário, começando no leste.

Usando uma Varinha

Se você tem uma varinha, você pode usá-la para desenhar um círculo astral. Eu disse astral, porque ele não será visível no plano físico (a menos que você o desenhe na areia ou na terra), mas no plano astral, ele estará ativo desde que sua imaginação consiga o sustentar. Se a varinha não for uma opção, o dedo indicador pode ser usado. Diga as mesmas palavras utilizadas no método anterior. Você também deve fechá-lo após o término do trabalho.

Consagrando Objetos

Todos os objetos usados em feitiços e rituais mágicos devem ser purificados e consagrados antes de serem usados. Faca, varinha, pêndulo, velas são alguns deles. Para cada item há maneiras complicadas e fáceis de fazer isso. Ambas funcionam perfeitamente, então vamos nos concentrar apenas nos métodos de fácil a médio.

Consagrando Água

A água é usada para consagrar objetos mágicos, mas também precisa ser consagrada. É o que popularmente chamamos de água benta.

Pegue o recipiente contendo água, posicione uma das suas mãos sobre ele e diga:

Criatura da água, eu te exorcizo e te purifico de acordo com a minha vontade. Agora tu és sagrada e santa, pronta para abençoar tudo o que tocar. Amém.

Consagrando e Ativando o Triângulo de Arte

O triângulo é um símbolo perfeito de manifestação. É usado quando queremos que alguma energia se manifeste, tais como espíritos, por exemplo. Você pode fazê-lo utilizando uma infinidade de coisas, como giz, lápis, varas, papel.

Coloque o triângulo no altar e diga:

Triângulo de Arte, eu te consagro e te ativo neste instante. Você está pronto para me auxiliar no meu trabalho mágico, ajudando as forças superiores do universo a se manifestarem neste templo.

Você deve fazer esse procedimento sempre que utilizar um triângulo. Depois de terminar de usá-lo, basta dizer:

Triângulo de Arte, você me serviu bem. Seu trabalho está finalizado.

Consagrando o Altar

Como já explicado, o altar é o lugar onde você libera e recebe as energias envolvidas em seus rituais e feitiços. Ele deve ser consagrado com água, incenso, sal ou outras formas de representação dos quatro elementos. Diga as seguintes palavras durante a consagração:

Em nome de Tetragrammaton, eu exorcizo e purifico este altar para que possa ser parte desse rito.

Em vez de Tetragrammaton, você pode consagrar o altar em nome da entidade que será parte de seu rito. Por exemplo, se você estiver trabalhando com a deusa grega Hecate (deusa da feitiçaria), use o nome dela.

Consagrando Qualquer Objeto aos Quatro Elementos

Esta é uma das minhas maneiras favoritas de consagrar objetos, como varinhas, pêndulos, Tarô, etc. É simples e eficiente.

Passo a Passo

I. Você vai precisar de uma tigela ou um copo de água para representar o elemento água. Esta água deve ser consagrada. Você também vai precisar de sal ou solo para representar a terra, incenso para o ar e uma vela para o fogo.

Incenso também pode ser utilizado para representar o fogo, e sua própria respiração, o ar.

II. Trace um círculo se desejar.

III. Coloque o incenso no leste, a vela no sul, a água no oeste e o sal ou solo no norte.

IV. Vá para o leste, de frente para o leste e segurando o objeto que você deseja consagrar, diga:

Eu escolhi este [insira o nome do objeto] para me ajudar na minha jornada mágica. Que assim seja.

V. Ainda no leste, queime o incenso e passe o objeto através da fumaça enquanto diz:

Que os poderes do ar purifiquem e consagrem este [insira o nome do objeto].

VI. Repita o mesmo procedimento com os outros elementos em suas respectivas direções, movendo no sentido horário leste, sul, oeste e norte. Tome cuidado ao se trabalhar com fogo. Você não vai querer danificar o seu objeto ou se queimar. O mesmo conselho é válido quando se trabalha com água. Água pode danificar objetos, especialmente se for um feito de papel.

VII. Depois de terminar com o elemento terra no norte, retorne para o leste e agradeça os elementares que o ajudaram neste trabalho. Diga:

Agradeço os elementares do ar, fogo, água e terra por me ajudarem neste trabalho. Eu agora declaro este templo fechado.

Consulte o Capítulo 2 para uma versão mais elaborada deste ritual de consagração.

Selos dos Espíritos

Selos ou sigilos são um conjunto de caracteres que representam um espírito. É como a identidade deles, mas funciona como um número de telefone que você pode usar para chamá-los. Eles são utilizados principalmente em evocações e, uma vez que estejam ativados, eles representam uma conexão com o espírito. Quando decidimos que não queremos mais trabalhar com determinada entidade, primeiro dizemos ao selo que ele não possui mais nenhum poder e depois ele deve ser queimado. Nos capítulos seguintes, alguns selos são apresentados, como o de Lúcifer, Miguel, etc.

CAPÍTULO 2

QUEBRA DE FEITIÇOS

O primeiro conjunto de feitiços que vamos aprender neste livro são os que você precisa saber antes de começar a lançar os seus próprios. Um mago ou bruxo deve saber como quebrar qualquer feitiço ou repelir qualquer energia negativa, porque se você está mirando contra alguém, você também pode ser um alvo. Quando entramos no mundo oculto, é como se estivéssemos enviando uma mensagem dizendo que agora fazemos parte daquele mundo. Isso pode ser bom, porque você atrai para si as soluções para os seus problemas que antes você não era capaz de ver, mas também pode ser ruim, porque as forças que não querem vê-lo bem também serão atraídas. Vejamos como podemos lidar com isso.

Quebrando Feitiços e Removendo Energias Negativas

Este é um poderoso feitiço que é usado para remover toda a negatividade de sua vida, incluindo magia negra. Então, se você acha que alguém o amaldiçoou ou enviou algo ruim contra você, este feitiço pode ajudá-lo. Aqui vamos trabalhar com o elemento fogo e seu governante, o Arcanjo Miguel.

Coisas Que Você Vai Precisar

➤ Duas velas brancas.

➤ Incenso (olíbano, laranja, acácia ou calêndula).

➤ Bíblia.

Passo a Passo

Purificando o local / Banimento com o elemento fogo

I. Monte um altar no sul com as duas velas e incenso. Durante esta operação, você deve sempre estar virado para o sul.

II. Segure uma das velas, acende-a e diga diante da chama:

Hekas hekas este bebeloi. [1] *Que todo profano se afaste, pois neste local o sagrado será convocado.*

III. Levante a mão sobre a chama e diga:

Criatura do fogo, eu te sacralizo e te desperto neste instante. Eu purifico esta chama para que ela se expanda, remova toda a negatividade e abençoe tudo o que tocar.

IV. Feche os olhos e visualize a chama ficando maior e purificando todo o espaço com o elemento fogo. Em seguida, a toque rapidamente com as duas mãos para se purificar[2] e depois diga:

Convido todas as forças nocivas a se retirarem imediatamente. Pela criatura do fogo seja este local abençoado e eu purificado. Que as salamandras queimem aqueles que tentarem voltar. Proclamo agora o silêncio sagrado.

V. Fique em silêncio por alguns minutos visualizando o local sendo purificado.

Oração a Arcanjo Miguel

I. Queime o incenso.

II. Acenda a outra vela. Vibre[3] o nome de Miguel por alguns instantes e se concentre na energia dele. Diga:

Ó Poderoso Arcanjo Miguel, vos que carregais uma espada flamejante que amedronta todos os inimigos, vos que é um fiel protetor do Divino, vos que regeis as chamas ardentes do elemento fogo, peço que me conceda a proteção que necessito neste momento, para que todos aqueles que intentem algum tipo de mal contra mim, possam conhecer a fúria daquele que é o Príncipe dos Arcanjos. Se eu não for digno neste momento, me faças digno, pois a ti eu escolho como guia nessa jornada de fortalecimento físico e espiritual. Minha mente está aberta para receber todos os conselhos e ensinamentos que tenhas a me oferecer. Que minha aura seja cercada por vossa energia como um escudo que blinda contra todo o tipo de sortilégios. Os inimigos espirituais que agora me escutam, temem o vosso poder, pois sabem que sofrerão as consequências de tentar atacar um protegido de ti. Salve Arcanjo Miguel. Amém.

Invocando Miguel

I. Diga:

Ó Poderoso Arcanjo Miguel, eu te invoco. Miguel Príncipe dos Arcanjos, Príncipe das Virtudes, Príncipe da Luz, Guardião da Paz, Protetor Divino, Governante do Fogo, eu te invoco. Eu lhe peço, Ó Poderoso Miguel para que limpes meu campo energético de todas as influências que possam estar impedindo a realização dos meus objetivos. Peço-lhe para que quebres e expulses todos os tipos de bruxaria lançados contra mim. Diante desta chama, do elemento fogo, peço para que libere e abra todos os caminhos que estejam fechados na minha vida. Assim seja. Salve amado Arcanjo Miguel. Amém.

II. Recite o Salmo 85 para Miguel; recite o Salmo 7 para terminar a purificação.

III. Agradecendo os espíritos

Agradeço aos elementares do fogo que participaram desta purificação. Agradeço-te por tua presença e tua ajuda, Ó Poderoso Arcanjo Miguel, e eu digo: até breve.

IV. Fique em silêncio e apague as velas.

V. Deixe o incenso queimar até o fim em um local sem risco de incêndio.

VI. Você deve se deitar durante 30 minutos após o ritual.

Nota: talvez você esteja questionando o porquê do uso da Bíblia em um livro pagão. O lado bom de ser pagão é que podemos aproveitar somente as partes úteis de todas as outras crenças. A Bíblia possui algumas utilidades em processos de purificação e consagração, como este que acabamos de aprender.

Limpeza do Espaço

Livre facilmente a sua casa ou qualquer outro lugar de energias negativas.

Coisas Que Você Vai Precisar

➢ Um copo de água fria com três colheres de chá de sal.

➢ Incenso (jasmim, papoila, murta ou sândalo).

Passo a Passo

I. Em primeiro lugar, diga:

Hekas hekas este bebeloi. Que todo profano se afaste, pois neste local o sagrado será convocado.

II. Erga as mãos sobre a água e diga:

Eu te sacralizo criatura das águas e te desperto neste instante. Eu purifico a essência deste fluido para expelir a desarmonia e abençoar tudo que tocar.

III. Espirre um pouco de água pelo ambiente que você está purificando, dizendo:

Convido todas as forças nocivas a se retirarem agora. Pela criatura da água seja este local abençoado e eu purificado. Proclamo agora o silêncio sagrado.

IV. Fique em silêncio por alguns instantes e mentalizando o local sendo purificado. Concentre-se em uma chama violeta que limpa e remove toda a energia negativa.

V. Queime o incenso e espalhe a fumaça pelo ambiente enquanto diz com autoridade:

Se aqui houver qualquer espírito maligno, saia agora e volte para onde você veio. Eu não terei misericórdia.

Este é o meu espaço, e aqueles que não são convidados para estarem aqui, irão queimar e desaparecer sem deixar vestígios.

VI. Deixe o incenso queimar até o fim em um local sem risco de incêndio.

Amuleto para Quebra de Feitiço

Amuletos são objetos comumente utilizados para proteção, mas eles podem ter outras funções, como sorte, amor, dinheiro, etc. No último capítulo você tem acesso a poderosos amuletos antigos que irão impedir que você receba qualquer tipo de energia maligna. O nosso primeiro objetivo relacionado com esta ferramenta é criar um amuleto personalizado que irá absorver todos os tipos de feitiços lançados contra você. Se você suspeita que alguém tenha o amaldiçoado ou enfeitiçado, esta ferramenta pode ser de grande valia. Tenha em mente que o que nós iremos fazer não é apenas um simples objeto inanimado, mas uma entidade viva que irá trabalhar no plano astral fazendo exatamente o que lhe foi dito no momento da sua criação. Você deve destruí-lo logo que a sua tarefa for concluída.

Coisas Que Você Vai Precisar

➢ Um cristal, pedra, pingente, moeda, anel, etc. Escolha um destes ou outro objeto semelhante.

➢ Sal.

➢ Um copo de água.

➢ Uma vela branca.

➢ Incenso (qualquer um).

Passo a Passo

Banimento

Vamos purificar o templo.

I. Queime um incenso, segure-o e vá para o leste. Diga:

Invoco os guardiões do leste para me ajudarem neste rito. Que os poderes do ar possam purificar este local de toda a negatividade e espíritos malignos.

II. Caminhe pelo local segurando o incenso e dizendo:

Eu ordeno que todas as forças nocivas e malignas saiam agora.

Pelos poderes do ar, eu exorcizo e purifico este local.

III. Feche os olhos e imagine o ambiente sendo purificado.

O ritual

I. Prepare um altar no centro do espaço onde você está trabalhando. Coloque a vela, sal, incenso, água e o objeto escolhido sobre ele.

II. Trace um círculo grande o suficiente para você e o altar permanecerem dentro dele.

III. Pegue um pouco de sal e passe sobre o objeto, dizendo:

[Insira o nome do objeto], eu te exorcizo e te purifico.

IV. Segure o objeto em sua mão, pegue o incenso e vá para o leste. Diga:

[Insira o nome do objeto], eu te desperto neste instante. Pelos poderes do ar, você agora vive.

Passe o objeto através da fumaça do incenso.

V. Pegue uma vela, acenda e vá para o sul. Diga:

[Insira o nome do objeto], eu te desperto neste instante. Pelos poderes do fogo, você agora vive.

Passe rapidamente o objeto através da chama.

VI. Pegue a água e vá para o oeste. Diga:

[Insira o nome do objeto], eu te desperto neste instante. Pelos poderes da água, você agora vive.

Espirre um pouco de água sobre o objeto.

VII. Pegue o sal e vá para o norte. Diga:

> *[Insira o nome do objeto], eu te desperto neste instante. Pelos poderes da terra, você agora vive.*

Passe um pouco de sal sobre ele.

VIII. Volte ao centro e segure o objeto com as duas mãos. Olhe para ele e diga:

> *[Insira o nome do objeto], você agora vive e você é um amuleto criado para absorver toda a energia negativa, magia negra e maldição lançada contra mim. Limpe meu corpo de todas as coisas impuras. Depois você deve transformar toda essa negatividade em energia pura e inofensiva. Vá agora e faça o seu trabalho.*

Mantenha o amuleto por um máximo de 30 dias.

Destruindo o amuleto

Quando você sentir que não está mais sob a influência de qualquer feitiço, você deve destruí-lo. Importante: mesmo que você ache que o amuleto não funcionou, você deve destruí-lo. Não seja arrogante. É seu dever dizer para a criatura que o trabalho dela está feito.

I. Vá para o mesmo lugar onde o amuleto foi criado.

II. Execute o mesmo banimento usado para criá-lo.

III. Monte o altar e trace um círculo.

IV. Pegue um pouco de sal e passe sobre o objeto, dizendo:

> *Criatura do amuleto, eu te exorcizo e te purifico.*

V. Pegue mais um pouco de sal e vá para o norte. Enquanto olha para o objeto, diga:

Amuleto, você completou a sua tarefa, o seu trabalho está feito. Eu agora revogo sua criação. Você não existe mais. Pelos poderes da terra, você não vive.

Mais uma vez, passe um pouco de sal sobre ele.

VI. Pegue a água e vá para oeste. Diga:

Amuleto, você completou a sua tarefa, o seu trabalho está feito. Eu agora revogo sua criação. Você não existe mais. Pelos poderes da água, você não vive.

Espirre um pouco de água sobre o objeto.

VII. Acenda uma vela e vá para o sul. Diga:

Amuleto, você completou a sua tarefa, o seu trabalho está feito. Eu agora revogo sua criação. Você não existe mais. Pelos poderes do fogo, você não vive.

Passe rapidamente o objeto através da chama.

VIII. Pegue o incenso e vá para o leste. Diga:

Amuleto, você completou a sua tarefa, o seu trabalho está feito. Eu agora revogo sua criação. Você não existe mais. Pelos poderes do ar, você não vive.

Passe-o através da fumaça do incenso.

IX. Feche o círculo e execute o Ritual de Banimento do Pentagrama (veja como no próximo tópico).

X. Jogue o objeto em um rio, mar ou enterre no fundo da terra.

Ritual do Pentagrama

Criado pela Ordem Hermética da Golden Dawn, este é um ritual poderoso projetado para banir qualquer energia caótica de sua vida e do espaço onde você esteja trabalhando. É amplamente utilizado para abrir quaisquer cerimônias mágicas, a fim de banir todos os espíritos que possam estar ao redor e deixar o local limpo para receber as forças com quem desejamos entrar em contato. Ele também pode protegê-lo quando é praticado diariamente[4], ajudando a fortalecer sua aura e tornar o seu campo energético mais equilibrado e forte contra qualquer tipo de espírito com intenção maliciosa ou magia negra.

Aleister Crowley, o mago mais bem-sucedido do século 20, escreveu em suas notas sobre o Ritual do Pentagrama:

> "Todo homem tem uma fortaleza natural dentro de si mesmo, a alma inexpugnável. Além desta cidadela central, o homem também tem uma fortaleza externa, a aura. É o dever de cada pessoa garantir que a sua aura esteja em boas condições. Existem dois métodos principais para fazer isso. O primeiro é através da execução duas ou três vezes ao dia do Ritual do Pentagrama. O seu ponto principal é o de estabelecer no astral quatro pentagramas, um em cada direção, e dois hexagramas, um acima e outro abaixo, trancando assim o mago, por assim dizer, em uma caixa consagrada. Ele também coloca em sua aura os nomes divinos invocados".

Treinando Sua Visualização

A desvantagem deste ritual para iniciantes é o seu processo de visualização. Você deve visualizar um monte de coisas, tais como esferas de luz, pentagramas, círculos, cruzes, etc. Isso é realmente importante, porque tudo estará realmente acontecendo no plano astral. Por exemplo, se você está desenhando um pentagrama no ar, você deve visualizar claramente este pentagrama no ar. Você pode fazer isso com os olhos fechados ou abertos. Eu prefiro ficar com os olhos fechados porque, pelo menos para mim, facilita o processo. A visualização de cores também é um problema. O padrão é visualizar a esfera na luz branca e brilhante, e isso pode ser fácil ou difícil para você. Para mim, acho a luz branca um pouco difícil de visualizar. Eu prefiro outras cores, como o amarelo ou azul.

Para desenvolver sua capacidade de visualizar qualquer coisa com os olhos da mente é preciso praticá-la. Fique de pé ou sentado em um lugar calmo, feche os olhos e comece a imaginar coisas ao seu redor, como esferas de luz e pentagramas. Desenhe o que quiser no ar com o dedo indicador e os visualize claramente. Tente manter os desenhos ativos na mente por tanto tempo quanto possível e não perca o foco. Outro exercício que você pode fazer é olhar para uma imagem por aproximadamente três minutos. Feche os olhos e tente reproduzi-la em sua mente com todos os detalhes. Fazendo isso diariamente, você vai melhorar consideravelmente a sua capacidade de ver com os olhos da mente.

Passo a Passo

A Cruz Cabalística

Todas as esferas de luz neste ritual são formadas a partir da mesma fonte de luz. Outras versões nos pedem para imaginar essas esferas sem mencionar de onde vem a energia. Considero isso um erro e foi por isso que criei uma versão modificada da Cruz Cabalística.

I. Vá para o leste e fique de frente para o leste. Se posicione de pé com os pés juntos e braços junto ao corpo. Imagine que uma esfera de luz branca e brilhante está descendo bem longe acima de sua cabeça. Essa esfera tem cerca de 25 cm de diâmetro e agora está logo acima da sua cabeça.

II. Com um punhal, varinha ou o dedo indicador direito, toque a luz e traga uma fração dela para a sua testa. Essa esfera menor tem metade do tamanho da esfera acima da sua cabeça. Toque na testa e vibre ATAH.

III. Toque a luz novamente, mas desta vez aponte para os pés e imagine a esfera de luz descendo ao chão. Vibre MALKUTH.

IV. Agora traga outra esfera de luz para o ombro direito. Toque no ombro e vibre VE-GEBURAH.

V. Traga outra esfera para o ombro esquerdo. Toque no ombro e vibre VE-GEDULAH.

VI. Junte as mãos na frente do seu peito e vibre LE-OLAHM. Agora imagine claramente as quatro esferas de luz formando uma cruz e esta cruz entrando em seu corpo, enchendo-o de pura luz.

VII. Ainda com as mãos juntas vibre AMÉM.

Desenhando os pentagramas

Para traçar os pentagramas no ar você pode usar uma adaga, uma varinha ou o seu dedo indicador, de preferência o da mão direita. Neste tutorial, vamos trabalhar com o dedo indicador.

I. No leste, virado para o leste, desenhe no ar o Pentagrama de Banimento da Terra e traga a ponta do seu dedo para o centro do pentagrama. Vibre[5] o nome YHVH.

Figura 2. O Pentagrama de Banimento da Terra

A seta indica a direção que você deve desenhar o pentagrama.

II. Sem mover o dedo em qualquer outra direção, comece a traçar um círculo enquanto você se move para o sul. No sul, trace o Pentagrama de Banimento da Terra (Figura 2) novamente. Traga o seu dedo para o centro e vibre ADNI.

III. Continue o semicírculo para o oeste e novamente trace o pentagrama trazendo o seu dedo para o centro. Vibre AHIH.

IV. Repita o mesmo processo para o norte. Vibre o nome AGLA ATAH GIBOR LE-OLAHM.

V. Agora, complete o círculo trazendo o dedo novamente para o centro do pentagrama que você desenhou no leste.

VI. Ainda no leste, fique em posição de cruz (pés juntos e braços estendidos) e diga:

Na minha frente, o grande Arcanjo Rafael (vibre).

Atrás de mim, o grande Arcanjo Gabriel (vibre).

Na minha direita, o grande Arcanjo Miguel (vibre).

Na minha esquerda, o grande Arcanjo Auriel (vibre).

VII. Agora diga:

Ao meu redor flamejam os pentagramas.

Imagine que o círculo e os pentagramas estão em chamas de cor branca.

E na coluna do meio brilha a estrela de seis pontas.

Imagine dois hexagramas brilhantes, um embaixo e um acima de você, formando uma grade de luz em torno do seu corpo.

VIII. Repita a Cruz Cabalística e o ritual está completo.

Guia de Pronúncia

Aprenda a pronunciar as palavras e nomes usados neste ritual na forma que são pronunciadas em hebraico.

Tabela 1. Guia de pronúncia

ATAH (Tu és)	a-tá
MALKUTH (o Reino)	marrut
VE-GEBURAH (e Poder)	vê-guê-bu-rá
VE-GEDULAH (e Glória)	vê-guê-du-lá
LE-OLAHM (para sempre)	lê-olam
YHVH	i-rro-vá
ADNI	a-do-nai
AHIH	é-rrê-ié
AGLA	a-ga-lá
GIBOR	gui-bor

As pronúncias acima e as encontradas no Apêndice deste livro foram transcritas depois de ouvir muitas vezes áudios de falantes nativos de hebraico.

Notas Finais

1. Esta é uma frase tirada dos antigos Mistérios Eleusinos que significa "que todo profano se afaste".
2. Se você não sabe como passar a mão pela chama de uma vela sem se queimar, por favor, não faça isso.
3. Isto significa pronunciar uma palavra em voz alta vibrando as sílabas intensamente.

4. A fim de praticar o Ritual de Banimento do Pentagrama diariamente, você também precisa praticar o Ritual de Invocação do Pentagrama (ver Apêndice). Caso contrário, sua energia será desequilibrada.

5. Todos os nomes de Deus usados neste ritual devem ser vibrados intensamente para os limites do universo.

CAPÍTULO 3

FEITIÇOS DE AMOR

Há uma grande chance de você estar lendo este livro principalmente por causa deste capítulo. Você pode estar ávido para saber como lançar alguns feitiços para trazer de volta o amor de sua vida, e eu prometo que você vai conhecê-los, mas primeiro, devo dizer que não existe tal coisa como feitiço de amor. O amor é o sentimento mais bonito que um ser humano pode ter e isso acontece naturalmente. Feitiços de amor são usados para forçar alguém a gostar de você, mudando a vida da pessoa. Isso não é amor, mas persuasão e manipulação. E é por isso que feitiços de amor pertencem à categoria de magia negra. Quando mudamos a vida de alguém para nosso próprio benefício ou para o benefício de outras pessoas sem o consentimento dela, estamos na verdade fazendo magia negra. Você pode estar pensando, qual é o problema? Bem, se você acredita em carma, há um grande problema: você está atraindo carma ruim, porque não podemos brincar com a vida de alguém sem pagar por isso. Caso você não acredite em nada disso, vá em frente. Decida por si só se é correto ou não lançar esse tipo de feitiço.

Feitiço de Amor 01

Esse feitiço fará a pessoa que você ama pensar em você o tempo todo.

Coisas Que Você Vai Precisar

➤ Uma maçã.

➤ Uma flor de rosa.

➤ Um coração de papel vermelho com o nome da pessoa amada escrito juntamente com a data de nascimento e o signo do zodíaco.

➤ Um coração de papel vermelho com seu nome escrito juntamente com a data de nascimento e o signo do zodíaco.

➤ Sete palitos de madeira.

➤ Um copo de água com três colheres de chá de sal.

➤ Uma faca limpa.

Passo a Passo

Banimento

I. Levante as mãos sobre a água e diga:

Eu te sacralizo criatura das águas e te desperto neste instante. Eu purifico a essência deste fluido para expelir a desarmonia e abençoar tudo que tocar.

II. Espirre um pouco de água pelo local que você está purificando, dizendo:

Convido todas as forças nocivas a se retirarem agora. Pela criatura da água seja esse local abençoado e eu purificado. Proclamo agora o silêncio sagrado.

III. Fique em silêncio por alguns instantes e mentalize o local sendo purificado. Concentre-se em uma chama violeta que limpa e remove toda a energia negativa.

IV. Quando se sentir pronto e purificado, comece a cerimônia.

O ritual

I. Espirre um pouco de água benta sobre o coração de papel com o nome da pessoa amada escrito nele. Segure o papel e se concentre inteiramente na pessoa em questão e diga:

> *Criatura do papel, eu te consagro para que tu representes [insira o nome da pessoa]. Tu és [insira o nome da pessoa], em corpo, alma e espírito. Tu és a cabeça e a mente de [insira o nome da pessoa]. Tu és uma conexão com [insira o nome da pessoa] e tu és as chaves para os caminhos de [insira o nome da pessoa], nascido em [insira a data de nascimento da pessoa].*

II. Mantenha-se focado até que você sinta que uma conexão com seu alvo tenha sido criada.

III. Quando você sentir que a conexão foi criada, segure a maçã e diga:

> *Fruto da luxúria, fruto da paixão, fruto da sedução e tentação, envie os teus poderes, a tua energia para o meu rito.*

IV. Concentre-se em paixão e desejo, pensando na pessoa e trazendo esse sentimento para dentro de você.

V. Segure a flor de rosa e diga:

> *Flor mística dos santos mistérios, flor do amor e poder. Lembra-te agora do conhecimento ancestral e envie tua sensualidade e teu amor. Rosa, eu invoco teus mistérios amorosos.*

VI. Pense no que você quer e comece a visualizar o seu desejo, repetindo até que você esteja cansado e sentindo uma energia muito forte em você. Isso leva de 10 a 20 minutos.

VII. Pegue o coração de papel com seu nome escrito, espirre um pouco de água benta e diga:

Criatura do papel, eu te consagro para que tu me representes, eu [insira o seu nome], em corpo, alma e espírito. Tu és a minha cabeça e minha mente, tu és uma conexão comigo, e assim receba a minha energia.

VIII. Coloque uma gota de saliva sobre o mesmo papel. Idealmente, você deveria colocar uma gota de sangue, mas saliva vai funcionar também.

IX. Em seguida, usando uma faca limpa, divida a maçã ao meio verticalmente, retire as sementes e as deixem separadas. Coloque o papel com o nome da pessoa amada em uma parte da maçã e o papel com seu nome sobre o da pessoa, de forma que os nomes fiquem um de frente para o outro.

X. Junte as duas partes da maçã e comece a espetar os palitos enquanto diz:

Que amor, amizade e companheirismo floresçam entre o coração de [insira o nome da pessoa] e meu coração. Para que juntos, eu [insira o seu nome] e [insira o nome da pessoa] possamos compartilhar o mais puro amor, o amor que mantém viva a chama da vida, amor poderoso, glorioso, celestial, encantador e sonhador.

XI. Com o último palito, espete a flor de rosa na parte superior da maçã. Levante a maçã e eleve a energia, pensando no seu objetivo.

XII. Guarde as sementes em um saquinho pelo tempo que achar necessário.

XIII. A maçã deve ser descartada na natureza.

Feitiço de Amor 02: Trabalhando com Lilith

Tudo Sobre Lilith

A maioria das coisas que estão disponíveis sobre Lilith na internet ou em outros livros de magia são incompletas ou erradas. Alguns a descrevem como a primeira esposa de Adão, um demônio, uma deusa do sexo, etc. Ninguém parece concordar com o que ela realmente é ou foi algum dia. As descrições de seus poderes e o que ela pode fazer por aqueles que pedem sua ajuda também são limitadas, considerando que ela é um espírito com tanto potencial, mas desconhecida para a maioria dos ocultistas. Então, antes de prosseguir para o trabalho real, eu irei mostrar as características de Lilith e o que ela será capaz de fazer por você.

Lilith, Laylah, Darkat, Layilil é a personificação da noite. Ela tem cabelo preto, olhos vermelhos e os animais que a representa são a serpente, o cachorro e o touro. Ela gosta de maçã, pêssego, lírios brancos, rosas vermelhas, vinho tinto, água pura, essência de rosas. Ela é o anjo da prostituição da Cabala Zoroástrica, sendo a mãe da sedução, da ilusão, do aborto, da liberdade e das prostitutas. Ela é feiticeira e trabalha muito com assuntos sexuais, paixões, sonhos e vampirismo. Pro paganismo, ela é uma deusa da lua, já no Judaísmo ortodoxo é uma parte da Shekinah (presença ou manifestação feminina do Deus Judaico). Na modernidade ela passou por diversas mudanças e virou o feminino de Satã. Ela é tudo que veio antes do Deus Judaico e tudo que se opõe a ele, ou seja, ela é boa e má ao mesmo tempo. Ela pode fazer de tudo, mas sua especialidade é feitiçaria e sexualidade. Para ela, sempre acenda velas brancas ou vermelhas. Ela é a senhora dos sonhos e através deles e do sexo, ela suga a energia vital das pessoas que é a energia presente no sêmen ou no sangue, a energia da própria vida. Não há necessidade de classificá-la como uma deusa, anjo ou demônio, porque ela é um espírito antigo e poderoso, o que é suficiente para que nós a mostremos todo o devido respeito.

Lilith, como todos os outros espíritos, tem dois lados que se pode definir como bom e ruim, na qual eu não concordo muito. A definição do que é bom e do que é ruim é tão humana e simplista que não podemos aplicá-la completamente ao plano astral. O lado mau de Lilith é creditado principalmente à sua personalidade de mãe do aborto e porque ela geralmente é um espírito que não gosta de ser evocado, principalmente se você não tiver nada que possa interessá-la. Mas como nós não iremos evocar Lilith de fato no nosso feitiço e também não iremos requisitar a ela nada que seja relacionado a crianças ou bebês, nossa operação deverá ocorrer sem nenhum problema.

Coisas Que Você Vai Precisar

- ➢ Um pires.
- ➢ Uma vela vermelha ou branca.
- ➢ Dois morangos ou duas maçãs.
- ➢ Um coração vermelho de papel ou pelúcia com o nome da pessoa amada escrito atrás dele.
- ➢ O selo de Lilith.
- ➢ Agulha esterilizada (opcional).

Passo a Passo

Banimento

Diga:

Em nome de Layil, senhora da noite, da ira e das tempestades, eu ordeno que toda negatividade saia daqui. Pelo poder de Layil, senhora da destruição e da punição, eu envio de volta tudo lançado contra mim e quebro os obstáculos que impedem a minha magia.

PROCUL, O PROCUL ESTE PROFANI. Profanos e espíritos imundos se afastem.

O ritual

I. Arranjos

Tudo usado neste ritual deve ser colocado no pires. Organize tudo de uma maneira que lhe agrade. Os morangos ou maçãs são usados para decorar. O selo de Lilith deve ficar na frente do pires.

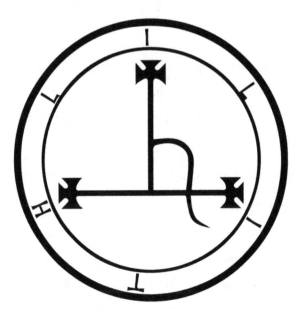

Figura 3. O selo de Lilith

II. Invocação

Lilith, sagrado anjo da prostituição, escuta-me.

Eu te invoco mãe da rebeldia e da sedução.

Olhe para mim agora com teus olhos vermelhos.

Inflama-me no fogo dos desejos e da tua luxúria.

Afoga-me nos lagos da paixão.

Coloca em minhas mãos a maçã dos desejos, a pera da doçura e o pêssego da luxúria.

Construa agora o tapete de lírios para a minha caminhada.

Coloque em meu corpo o aroma da rosa, a ardência da pimenta e em meus lábios o mel.

Abra as portas do teu mundo para mim, traga-me alegria e realizações.

Entrega-me os tesouros dessa terra e que eu seja a tentação. Ave Laylah.

O ato sagrado da masturbação

Primeiro eu preciso deixar claro que a masturbação quando usada em rituais é considerada um ato sagrado. Tenha em mente que você não está se masturbando para se divertir, mas sim para liberar a energia necessária para o feitiço funcionar.

III. Concentre-se em Lilith por alguns minutos e vibre o nome dela.

IV. Comece o ato sagrado (masturbação) com a mão esquerda visualizando seu desejo e tendo em mente que ele está se tornando realidade. Segure o seu orgasmo o máximo possível, e quando você não puder mais, ejacule e coloque em sua boca o elixir da vida (sêmen). Cuspa na vela e espalhe, "masturbe" a vela enquanto visualiza fortemente seus desejos, e quando você sentir uma força dentro de você querendo sair, acenda a vela como se ela tivesse ejaculado e estivesse enviando a energia diretamente para seu objetivo.

V. Diga:

Em nome de Lilith, a magia começa.

Pelo poder de Lilith, [insira o nome da pessoa] é meu.

Eu agora mudo sua mente.

Assim como o meu coração é seu, então é o meu desejo.

Você me ama, você é atraído por mim. Em mim está a sua paixão e seu coração.

VI. Fure o dedo e pingue três gotas de sangue no coração. (opcional)

VII. Em seguida, segure o coração e pense como se você fosse a pessoa que você ama:

Eu amo [insira o seu nome].

Eu quero você, eu te desejo, eu preciso de você.

Você é a razão de eu acordar todos os dias.

Nosso amor é maior do que nós mesmos.

Nosso amor é o que nos torna um.

Meu coração lhe dou e juntos vamos ficar.

VIII. Deixe a vela queimar até o fim em um local sem risco de incêndio. Guarde o coração com você ou enterre de preferência na natureza.

Nota: este feitiço é ideal para homens por causa da parte da masturbação. Se você é mulher, você também pode realizar o ato sagrado da masturbação, mas não será capaz de usar o elixir da vida que só os homens possuem. Pode-se usar uma gota de sangue para substituir o sêmen e dar energia para o feitiço. O efeito será o mesmo.

Feitiço de Amor 03: Trabalhando com Baal

Tudo Sobre Baal

Baal é um deus antigo que foi adorado pelos Cananeus e Fenícios. Seu nome significa Senhor. Na Goétia ele é considerado um poderoso rei que governa no leste e tem legiões de espíritos sob seu comando. Baal Hadad é o deus da tempestade, da chuva, da fertilidade, da fartura e governante do mundo. Para trabalhar com ele deve-se lhe oferecer água representando harmonia, equilíbrio e destruição; sal representando fartura ou morte; frutas, grãos e vinho. Para entrar em contato com Baal é necessário que se tenha uma representação dele que pode ser uma imagem física ou mental, além de uma prece. A aproximação com ele é gradual e cultuá-lo com preces e oferendas diárias é a melhor forma de chamar sua atenção. Baal é um deus tão versátil que este mesmo feitiço pode ser usado para outros fins.

Coisas Que Você Vai Precisar

➢ Um copo de água.

➢ Frutas e grãos.

Passo a Passo

Purificação

I. Erga o copo de água e diga:

Em nome de Baal Hadad, Senhor da Ordem e da Chuva, eu consagro a essência deste fluido para purificar tudo o que tocar.

II. Espirre a água apelo ambiente e beba um pouco para se purificar.

O ritual

I. Abertura

Eu venho adiante para realizar este ato sagrado. É de meu desejo me conectar com Baal e com os sagrados Elohim. Saúdo os deuses do passado, saúdo os deuses de Canaã, a terra da prosperidade e da felicidade.

Salve EL, o pai da humanidade. Salve EL Elyon. Abu, Abu Adami; Abu, Abu Shanima (na língua Cananéia significa Pai, Pai do Homem; Pai, Pai do Tempo).

II. Pense em Baal e em seus aspectos, se concentre nele e invoque:

Eu invoco o nome sagrado de Baal Shamem, o Senhor do Céu e do Trovão.

Baal filho de El, Baal Aliyan, aquele que prevalece.

Baal Senhor da Justiça e dos Grãos, Baal Filho de Dagon, Baal Zefom, Senhor do Norte, Baal Anthar, Baal Brathy, Baal Karmelos, Baal Marqo, Baal Gad, Baal Hammom e todos os outros nomes que queira ser chamado, eu te invoco.

Baal Reginon, Senhor do Corvo e Trovão, Senhor da Destruição, venha até mim. Baal Hadad, Senhor da Chuva e da Fertilidade.

Salve Baal que derrota Mot e Yam.

III. Ofereça as frutas e grãos para Baal.

IV. Oração

Baal, Grande e Poderoso Deus, eu venho humildemente diante de ti para pedir a tua ajuda.

Estou apaixonado por alguém que não está apaixonado por mim e eu necessito mudar isso.

Que teus poderes possam fazer [insira o nome da pessoa que você ama] me amar do jeito que eu amo ele (ela).

Que teus poderes possam fazer [insira o nome da pessoa que você ama] me desejar do mesmo modo que eu desejo ele (ela).

Porque eu sei Senhor Baal, de agora em diante, ele (ela) não pode viver sem mim.

A mente dele (dela) agora é mudada por mim e existe amor entre nós.

Salve Baal Hadad. Amém.

V. Meditação

Baal, Poderoso Senhor, tu que se afastaste da humanidade por profanação, venha a mim, pois o chamo com mente sagrada e reverente.

VI. Silencie sua mente e seus pensamentos, concentrando-se em Baal. Apenas fique em silêncio como se estivesse esperando por algo.

Feitiço de Amor 04: Trabalhando com Afrodite

Este feitiço não é designado para trazer alguém que você ama. Ele irá trazer o seu amor verdadeiro e isso é completamente diferente dos outros feitiços de amor que aprendemos até agora. Aqui temos um caso de magia branca, porque não estamos brincando com a vida de ninguém, mas tão somente solicitando que alguém que te amará de verdade entre na sua vida. Assim, podemos concluir que não há carma envolvido aqui, caso você acredite.

Breve Nota Sobre Afrodite

Afrodite é uma deusa da mitologia grega que também era adorada pelos romanos. Ela é a filha de Zeus e Dione e seu equivalente romano é a Deusa Vênus. Ela é a deusa da beleza, fertilidade, do amor e da sexualidade.

Coisas Que Você Vai Precisar

➢ Uma maçã.

➢ Sete morangos.

➢ Sete pétalas de rosas vermelhas.

➢ Sete cravos-da-índia.

➢ Mel.

➢ Uma vela vermelha.

➢ Uma vela branca.

➢ Uma tigela branca.

➢ Um copo de água.

Este ritual deve ocorrer na sexta-feira, o dia de Vênus.

Purificação

I. Em primeiro lugar, você precisa purificar-se fisicamente e espiritualmente. Tome um banho para purificar seu corpo e vista roupas limpas. Medite e limpe sua mente de todos os pensamentos impuros. Se for possível e se você assim desejar, fique 24 horas antes do ritual sem comer carne. Isto irá purificar a sua alma.

II. Comece a purificação dizendo o Hino Homérico 23 para o Filho de Cronos:

Cantarei Zeus, o líder entre os deuses e maior deles, o que tudo vê, o senhor de tudo, o cumpridor que sussurra palavras de sabedoria para Themis enquanto ela se senta inclinando-se para ele. Ser gracioso, que tudo vê, Filho de Cronos, o maior e mais excelente.

III. Então diga:

Hekas hekas este bebeloi. Que todo profano se afaste, pois neste local o sagrado será convocado.

IV. Erga as mãos sobre o copo de água e diga:

Criatura da água, em nome de Zeus, Filho de Cronos, eu te purifico.

V. Espirre água pelo local que você está purificando, dizendo:

O theoi genoisthe apotropoi kakon. Que os deuses possam afastar os males.

O ritual

I. Acenda a vela branca e diga o Hino Homérico 10 para Afrodite:

De Cythera, nascida em Chipre, cantarei. Ela dá presentes amáveis para os homens; sorrisos estão sempre em seu rosto adorável, e encantador é o brilho que joga sobre ele. Salve, deusa, rainha da bem construída Salamina e pela cercada pelo mar, Chipre; conceda-me uma canção alegre. E agora eu vou lembrar-me de você e outra canção também.

II. Proceda com a invocação:

Afrodite, deusa do amor, eu te invoco.

Filha de Zeus, deusa do prazer, deusa da beleza, deusa da sexualidade, eu te invoco.

Peço por tua ajuda com os mistérios do amor e do sexo.

Jogue sobre mim os teus antigos mistérios.

Abra as portas do amor e prazer na minha vida.

Traga-me um amor e me faça bonita(o) e atraente.

Nenhum homem (mulher) vai olhar para mim sem desejo, mas entre eles, alguém especial virá até mim.

Ele (ela) é aquele me ama.

Salve Afrodite, deusa de muitas virtudes.

III. Coloque as pétalas de rosa e os cravos na tigela e diga:

Em nome de Afrodite, eu serei bonita(o) e atraente.

IV. Coloque os morangos e a maçã e diga:

Em nome de Afrodite, eu terei prazeres em minha vida.

V. Cubra tudo com um pouco de mel e diga:

Em nome de Afrodite, um amor vai aparecer na minha vida.

VI. Acenda a vela vermelha e diga:

Que assim seja.

VII. Fique um pouco em silêncio contemplando seu trabalho.

VIII. Enterre o conteúdo da tigela na natureza.

CAPÍTULO 4

FEITIÇOS DE BELEZA

Este tipo de feitiço poderia facilmente ter sido incluído no capítulo anterior, pois os seus problemas com amor pode ser apenas uma questão de falta de confiança em si mesmo, e os deuses adequados podem ajudá-lo a conseguir isso e até mesmo o padrão de beleza que você acha que não possui. Mas talvez os seus problemas não estejam relacionados com amor e você apenas deseja se sentir mais bonito, mudar a pessoa que você pensa que é, olhar para o espelho e ver algo que lhe agrade e ser elogiado por outras pessoas por causa de suas características físicas. Se este for o seu caso, os feitiços neste capítulo certamente irão ajudá-lo com isso.

Feitiços de beleza trabalham tanto para mudar a sua percepção de si mesmo como moldar o seu corpo também. O primeiro efeito esperado é fazer com que a pessoa que o lance passe a se enxergar de uma maneira diferente, sem dar tanta importância às características que anteriormente não lhe agradavam. Quando você muda a forma de se ver, as pessoas também vão começar a olhar para você de um jeito diferente. O segundo efeito esperado são mudanças físicas e isso pode acontecer em muitas escalas que vão de suave até um completo desaparecimento da característica indesejada. O que se deve ter em mente é que dependendo do problema, mudanças significativas não podem ocorrer fisicamente. Supondo que uma pessoa pequena queira crescer mais alguns centímetros, porém, ela não está mais em fase de crescimento, o efeito desejado é improvável que aconteça. O mesmo vale para alguém com um nariz grande, na qual pequenas mudanças podem ser notadas, mas uma redução considerável não irá ocorrer. Por outro lado, outros problemas, como manchas, pequenas cicatrizes, rugas, cabelos, etc., podem ser completamente resolvidos.

Frey e Freya

Frey é um deus nórdico, Rei dos Vanir, deus da prosperidade, colheita, mistérios, virilidade e fertilidade. Frey é o irmão de Freya, deusa da beleza, amor, sensualidade, magia e deusa protetora das mulheres grávidas. Frey e Freya reúnem juntos todas as características que a palavra beleza carrega. Eles são deuses poderosos sempre dispostos a ajudar aqueles que os invocar porque, como a maioria dos deuses, eles foram esquecidos pela humanidade.

Figure 4. Frey

Figura 5. Freya

Coisas Que Você Vai Precisar

➢ Uma vela vermelha ou branca.

➢ Um copo de água, vinho ou hidromel.

➢ Um pequeno prato ou pires.

➢ Uma imagem de Freya (você pode usar a Figura 5 deste livro ou pesquisar no Google por uma que lhe agrade mais).

➢ Algumas sementes ou grãos.

Passo a Passo

Pré-ritual

I. Tome um banho para purificar seu corpo.

II. Diga em voz alta:

Portador do poderoso martelo Mjölnir.

Salve Thor Veu.

III. Vire-se para o norte, faça o sinal do martelo e diga:

Martelo de Thor, nos proteja nos caminhos do norte. Todo o sofrimento deve ir embora.

O sinal do martelo:

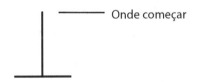

Figura 6. O sinal do martelo

IV. Vá para o leste, faça o sinal do martelo e diga:

Martelo de Thor, nos proteja nos caminhos do leste. Todo o sofrimento deve ir embora.

V. Repita o mesmo procedimento no sul e oeste.

VI. Volte para o norte, olhando para o céu, faça o sinal do martelo e diga:

Martelo de Thor, nos conceda a bênção dos céus.

VII. Olhando para o chão, faça o sinal do martelo e diga:

Martelo de Thor, nos conceda a bênção do ventre da Terra.

VIII. Fique na posição de Algiz.

Posição Algiz: fique de pé com os braços esticados acima da cabeça formando um ângulo de 90 graus entre eles. Sinta que você é igual a uma árvore, visualizando o tronco e a coroa, e sinta a força fluindo através de você. Reverencie a sacralidade do teu corpo enquanto vibra o nome ALGIZ.

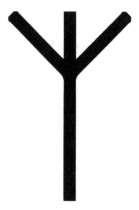

Figura 7. A posição Algiz

Algiz é uma das runas mais poderosas; ela ilustra o animal com chifres, uma árvore e o homem com os braços esticados para fora. Algiz descreve a busca e contato com os altos poderes e como receber proteção deles. A runa Algiz pode ser vista como o despertar de forças sexuais e como elas podem ativar o espírito guerreiro. Em adivinhação sobre a espiritualidade, essa runa pode ser interpretada como o despertar de forças interiores e o esforço para alcançar a divindade.

O ritual

I. Erga as mãos sobre o altar e diga:

> *Eu abençoo e faço este altar um local sagrado para o serviço de Freya, banindo todas as influencias profanas e impuras. Que minha mente, neste local abençoado, possa também ser abençoada, como é da minha vontade. Como Heimdall protege a ponte de Bifrost, possa este local ser protegido contra todas as forças contrárias ao meu rito hoje.*

II. Medite com Freya por alguns minutos. Assuma a posição Algiz e invoque:

Frú Freya (frú = frau = senhora), deusa dos prazeres e da sensualidade, deusa do amor e da fertilidade, da riqueza e do prazer terreno em todas as alegrias. Nós te conhecemos, senhora da vida, no campo em bestas fecundadas, mas também nos úteros das mulheres. Deusa dos prazeres e da afeição, eu te saúdo pelos muitos deleites em Midgard. Eu te agradeço pela vida, pela fertilidade, e quando os guerreiros mortos caem em campos de batalha, a senhora recolhe os heróis e leva-os para teu salão de prazeres. Venha Freya, na forma de gato.

Mulher das penas de falcão, senhora do Seidr. Eu te invoco senhora que chora lágrimas de ouro; feiticeira, guerreira, portadora do Brisingamen.

Salve Freya.

III. Concentre-se em Freya durante um minuto e diga:

Deusa do amor e da luxuria, seja bem-vinda.

Filha de Niord, seja bem-vinda.

Irmã do Senhor Frey, seja bem-vinda.

Deusa dos Vanir, seja bem-vinda.

Mulher de Od, seja bem-vinda.

Senhora da magia, seja bem-vinda.

Deusa do colar, seja bem-vinda.

Senhora das Valquírias, seja bem-vinda.

Senhora do desejo, seja bem-vinda.

Senhora da riqueza, seja bem-vinda.

Senhora da beleza, seja bem-vinda.

IV. Relaxe o corpo e a mente focando na imagem de Freya. Respire fundo e relaxe cada vez mais, chamando mentalmente por Freya até sentir uma força movendo sua consciência. Então diga:

Venha a mim Vanadis para receber este sacrifício preparado a ti. Não tire de mim teus presentes, mas continue a enviá-los em minha vida, na prosperidade e regozijo da sensualidade em todas as coisas. Que através desta cerimônia sincera e simples, eu possa tentar secar as lágrimas douradas da tua face. Mais bela das deusas, eu te invoco.

V. Levante o copo de água e diga:

E eu te ofereço o sacrifício. Não de sangue, mas a graça dos meus esforços humanos, minha luta e minha devoção. Que possa ser firme a aliança entre homens e deuses em nossa luta para defesa de Asgard ou contra aqueles que desejam escravizar os amigos dos deuses em Midgard.

VI. Despeje um pouco do líquido no prato e diga:

Freya, aceite este presente, não de um escravo ou servo, pois não tenho mestre. Não como uma forma de apaziguamento, pois estou bem contigo, mas como um sinal da nossa comunhão e semelhança.

Mostre a Freya as outras oferendas no altar. Se for um líquido, verta-o no mesmo recipiente. Acenda a vela oferecendo sua chama para Freya e diga:

Freya, você recebeu meu sacrifício simbolizado pelas oferendas. Envia agora tuas bênçãos e poderes a mim para que eu possa crescer e realizar meus desejos agora. Compartilha comigo teus dons.

Salve Freya.

VII. Invocando Frey

Rei dos Vanir.

Frey, deus dos grãos.

Guerreiro sem arma que deu tua espada por amor.

Yngvi, você faz os grãos fluírem na primavera.

Deus de beleza masculina, virilidade e esplendor.

Senhor dos elfos da luz, rei do êxtase.

Senhor da felicidade e da fertilidade.

Eu te saúdo, filho de Niord, irmão de Freya.

VIII. Coloque algumas das sementes ou grãos no prato e despeje mais um pouco do líquido dizendo:

Senhor Frey, aceite o meu sacrifício.

IX. Relaxe, se concentre em Frey e Freya e diga:

Hail, Hail ao mistério.

Frey, Freya, deuses dos mistérios.

Rei e Rainha dos Vanir.

Deuses da beleza.

Deuses da riqueza.

Deusa do amor e da paixão.

Deusa da sensualidade, da magia, da batalha e da sedução.

Deus dos campos férteis, da beleza e da virilidade.

Deus do esplendor, da felicidade e da fertilidade.

Concedam agora poder à minha magia.

Tragam-me as visões, despertem a intuição, mostrem o que eu não posso ver.

Se eu sonho os versos, tragam-me as canções, emprestem-me o vosso poder.

Eu desejo agora e nesta hora atingir a sensualidade e a beleza, os dons de vossa natureza.

X. Comece a visualizar o padrão de beleza que você quer ter, as imperfeições da pele desaparecendo, o formato do rosto, corpo, visual. Imagine uma energia vermelha enchendo seu corpo e moldando você. Essa energia lhe traz uma beleza doce e feminina, a sensualidade feminina e uma virilidade e beleza masculina ao mesmo tempo. Visualize também essa aura atraindo para você paixões, amizades, afetos, poderes para seduzir, encantar. Quando você sentir essa energia intensa dentro de você, descreva com suas palavras o que é essa beleza.

XI. Visualize Freya e Frey dando-lhe os poderes da sensualidade, beleza, amor, da fertilidade.

Lofna, em nome de Frey e Freya, envie tuas bênçãos: traição, paixão e homossexualidade.

Gersemi e Hnoss, em nome de Frey e Freya, enviem tuas bênçãos: amor, beleza e maternidade.

XII. Visualize os aspectos desejados novamente, mas desta vez com mais força e fixados em você, como se saíssem do seu interior para o seu exterior.

XIII. Respire fundo puxando a energia de Frey e Freya para dentro de você, sinta a energia vital em teu sangue e ela fortalecendo sua magia, visualize-se com amantes, homens, mulheres, amigos, prosperidade.

XIV. Relaxe e esvazie sua mente. Se masturbe (somente se você é um homem), enquanto diz:

Freya, noiva dos Vanir.

Traga amor para o meu coração.

Traga-me os dons da beleza.

Traga-me os dons da paixão.

Traga-me os dons da riqueza.

Ó Freya, traga-me os dons da tua natureza.

Frey, traga-me o teu poder; conceda-me a beleza, amor e prazer.

Traga-me a felicidade; tragam paz e prosperidade para a minha vida.

XV. Quando você ejacular, diga:

Para Frey e Freya.

XVI. Misture o sêmen com saliva e ofereça aos deuses dizendo:

Aceitem esta oferta fértil.

XVII. Relaxe novamente, se concentre em Frey e Freya, esvazie a mente e medite um tempo com eles. Quando acabar, agradeça e finalize o ritual.

Eu te agradeço, Freya, Poderosa Deusa de Asgard.

Deusa de muitos nomes e virtudes.

Eu te agradeço, Frey, Poderoso Deus de Asgard.

Deus de muitos nomes e virtudes.

Que haja sempre paz entre nós.

Eu não digo adeus, mas até logo.

Salve Frey e Freya.

Nota: se você é uma mulher, pule a parte da masturbação e vá direto para a oração e agradecimentos finais.

Afrodite

Uma descrição sobre Afrodite pode ser vista no Capítulo 3.

Coisas Que Você Vai Precisar

- ➤ Duas velas vermelhas.

- ➤ Uma garrafa de vinho tinto.

- ➤ Uma taça de vinho (ou copo comum).

- ➤ Pétalas de rosa.

- ➤ Um copo de água.

- ➤ Uma tigela branca.

- ➤ Incenso de rosa.

- ➤ Um espelho grande o suficiente para você ver o seu corpo, não necessariamente todo o corpo de uma só vez, mas pelo menos metade.

- ➤ Música grega antiga.

Passo a Passo

Purificação

I. Em primeiro lugar, você precisa purificar-se fisicamente e espiritualmente. Tome um banho para purificar seu corpo e vista roupas limpas. Medite e esvazie sua mente de todos os pensamentos impuros. Se for possível e você assim desejar, fique 24 horas antes do ritual sem comer carne.

II. Para purificar o local, diga:

Hekas hekas este bebeloi. Que todo profano se afaste, pois neste local o sagrado será convocado.

III. Levante as mãos sobre o copo de água e diga:

Eu te sacralizo criatura das águas e te desperto neste instante. Eu purifico a essência deste fluido para expelir a desarmonia e abençoar tudo que tocar.

IV. Espirre água através do espaço, dizendo:

Eu convido todas as forças nocivas a se retirarem agora. Pela criatura das águas seja este local abençoado e seja eu purificado. Proclamo agora o silêncio sagrado.

V. Fique em silêncio por um momento mentalizando o local sendo purificado. Concentre-se na chama violeta, imaginando que ela está purificando e levando embora todas as impurezas e energias negativas.

O ritual

I. No centro do espaço onde você está trabalhando, coloque a tigela no chão com uma vela em cada lado. O incenso deve ficar por trás e todos os outros itens na frente da tigela.

II. Queime o incenso, acenda as velas e chame por Afrodite sete vezes:

Afrodite. Afrodite. Afrodite. Afrodite. Afrodite. Afrodite. Afrodite.

III. Continue:

Afrodite, deusa do amor, escuta-me.

Filha de Zeus, deusa do prazer, deusa da beleza, deusa da sexualidade, eu te invoco.

Deusa da beleza, compartilhe seus segredos comigo.

Mostre-me como posso me tornar bonito (a) aos meus olhos e aos olhos de todos.

IV. Despeje um pouco de vinho no copo, erga e diga:

Aceite este vinho como meu sacrifício. Eu o lhe ofereço com sinceridade e amor, mas sabendo que tu mereces mais e mais.

Envia-me a tua energia e molde o meu corpo do jeito que eu quero que ele seja.

Deusa da beleza e do amor, faça-me o ser humano mais belo que já existiu.

V. Levante o copo de água e diga:

Este é o elixir da vida e beleza.

Sem ele, nenhum homem pode sobreviver e nenhuma beleza dura.

Em seguida, despeje toda a água dentro da tigela.

VI. Pegue as pétalas de rosa em sua mão e diga:

Estas são a perfeita representação natural da beleza.

VII. Coloque as pétalas na tigela e continue:

Agora peço-te, Ó Grande Afrodite, para que envies a tua energia para esta tigela e transforme esta mistura em um líquido divino capaz de curar todas as imperfeições do meu corpo, incluindo [diga todos os detalhes do seu corpo que você deseja mudar].

Agora eu lhe ofereço um pouco de música e dança.

VIII. Toque música grega antiga e dance em torno da tigela durante alguns minutos.

IX. Levante a tigela e diga:

Em nome de Afrodite, agora eu mudo o meu corpo para a forma que eu quero que ele seja.

X. Espalhe a água por todo o seu corpo. Visualize todas as imperfeições indo embora. Diga em voz alta o que está mudando em você.

XI. Agora pegue o espelho, olhe para você e veja como você é lindo(a). Diga com convicção. Não duvide.

XII. Fechando o templo: *Dou graças por teu trabalho neste dia, Bela e Poderosa Afrodite. Eu agora declaro este templo fechado.*

CAPÍTULO 5

FEITIÇOS DE DINHEIRO

Feitiços de dinheiro são onde a maioria das pessoas não conseguem alcançar o efeito desejado. Você pode lançar um feitiço semanalmente para atrair dinheiro e ainda assim não conseguir um único centavo a mais do que já possui. Isso acontece por causa da falta de objetividade, em outras palavras, pedir dinheiro requer uma fonte existente de onde ele virá. Se você quer ganhar mais dinheiro em seu trabalho atual, então você deve pedir uma promoção no trabalho. Se você quer dinheiro através de jogos de azar, então peça por isso e comece a apostar.

O verdadeiro problema quando não se especifica a fonte de onde o dinheiro virá, está em receber o que foi pedido de uma maneira muito indesejável. Imagine que você sofra um acidente de carro e receba o dinheiro do seu seguro, você quer isso? Aposto que não. Além disso, você deve deixar claro que o feitiço deve funcionar sem causar danos a ninguém. Você não quer ser promovido porque o seu colega de trabalho morreu. Você deve se comportar assim com todos os feitiços lançados, sem prejudicar a si mesmo, sua família, seus amigos e qualquer outra pessoa.

Trabalhando com Bune

Bune, Bime ou Bim é um espírito que pode trazer dinheiro para aqueles que o chamam. Ele é um duque poderoso que governa 30 legiões de espíritos.

Coisas Que Você Vai Precisar

➢ Duas velas brancas.

➢ Incenso (sândalo).

➢ O selo de Bune.

➢ Comida bem-feita preparada por você.

Passo a Passo

I. Realize o Ritual de Banimento do Pentagrama.

II. Monte um altar com o Triângulo de Arte, velas, oferendas (alimentos) e incenso. Consagre o triângulo.

III. Escreva sua intenção na parte de trás do selo de Bune. Por exemplo, "eu quero ser promovido no meu trabalho". Coloque o selo dentro do triângulo.

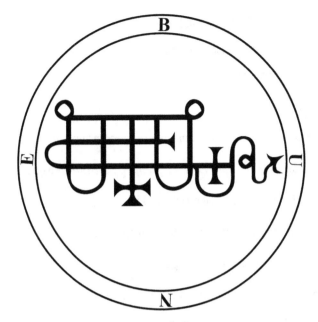

Figura 8. O selo de Bune

IV. Acenda as velas, queime o incenso e trace um círculo.

V. Invocando Bune

Recite a seguinte invocação três vezes:

Bune, Bime, Bim, Duque Forte e Poderoso, eu te invoco.

Em nome do Altíssimo, eu te chamo e peço que recebas meus pedidos.

Entre as muitas virtudes que possui, tu dominas a arte da riqueza, trazendo dinheiro para o homem de forma rápida e eficaz.

Venha, entre no meu templo e receba meu sacrifício.

VI. Sacrifício e pedidos

Eu preparei este alimento especialmente para ti, como um sinal de respeito para com os teus grandes poderes.

Eu peço a tua ajuda com os meus problemas financeiros.

Eu [insira o seu nome] humildemente solicito que [insira o seu desejo].

Conceda meu desejo dentro de [insira quantos dias você vai dar a ele para atender aos seus pedidos] e sem causar danos a mim mesmo, minha família, meus amigos ou qualquer outra pessoa.

VII. Agradecendo Bune

Eu lhe agradeço, Grande Duke Bune, por tua presença neste rito.

Agora tu podes voltar de onde tu vieste pronto para cumprir o que eu solicitei de ti.

VIII. Feche o círculo e desative o triângulo.

IX. Realize o Ritual de Banimento do Pentagrama.

X. A comida pode ser descartada algumas horas mais tarde.

XI. Mantenha o selo até que seu desejo seja cumprido. Então depois desse prazo, você deve desativá-lo dizendo:

Este selo não mais representa uma ligação com o espírito Bune e não possui mais nenhum poder.

Em seguida, queime o selo.

Se o tempo que você deu ao espírito terminou e seu desejo não foi cumprido, desative e queime o selo. O feitiço pode ser repetido, mas eu aconselho que você tente outro.

Trabalhando com Seere

Seere, Sear ou Seir é um príncipe poderoso. Ele pode trazer dinheiro rapidamente para aqueles que o chamam. Ele governa 26 legiões de espíritos e é muitas vezes gentil quando convocado. Este príncipe não exige grandes sacrifícios ou ofertas do mago e vai ficar feliz com pequenas coisas oferecidas a ele.

Coisas Que Você Vai Precisar

➢ Duas velas brancas.

➢ Incenso (cedro).

➢ Comida bem-feita preparada por você.

Passo a Passo

I. Realize o Ritual de Banimento do Pentagrama.

II. Monte um altar com as velas, oferendas (alimentos) e incenso.

III. Queime o incenso, acenda as velas e trace um círculo.

IV. Invocando Seere

Diga a seguinte frase chamada ENN trinta vezes. ENNs são como números de telefone que apontam diretamente para um espírito. Idealmente, você deve cantá-lo, em vez de apenas falar:

Jeden et Renich Seere tu tasa.

Em seguida, diga a seguinte invocação 3x:

Seere, Sear, Seir, Poderoso Príncipe, eu te invoco.

Entre as muitas virtudes que possui, tu és capaz de trazer todas as coisas rapidamente, de qualquer lugar do mundo e em qualquer momento.

Escuta-me e venha receber o meu sacrifício.

V. Sacrifício e pedidos

Eu preparei este alimento especialmente para ti, como um sinal de respeito para com os teus grandes poderes.

Eu peço a tua ajuda com os meus problemas financeiros.

Eu [insira o seu nome] humildemente solicito que [insira o seu desejo].

Conceda meu desejo dentro de [insira quantos dias você vai dar a ele para atender aos seus pedidos] e sem causar danos a mim mesmo, minha família, meus amigos ou qualquer outra pessoa.

VI. Agradecendo Seere

Eu lhe agradeço, Príncipe Seere, por tua presença neste rito.

Agora tu podes voltar de onde tu vieste pronto para cumprir o que eu solicitei de ti.

VII. Feche o círculo.

VIII. Realize o Ritual de Banimento do Pentagrama.

IX. A comida pode ser descartada algumas horas mais tarde.

Nota: não é a intenção desse tipo de feitiço esperar por qualquer tipo de manifestação por parte do espírito. Geralmente esse tipo de trabalho é uma comunicação unilateral onde apenas o mago/bruxo fala. Porém, ao pronunciar o ENN de Seere 30x como instruído é possível que Seere se manifeste de alguma maneira, seja através da fumaça do incenso, da chama da vela, ou até mesmo usando a voz.

CAPÍTULO 6

FEITIÇO DE MANIPULAÇÃO

Este tipo de feitiço é útil quando se quer mudar a mente e controlar a vida de uma pessoa ou fazer alguém agir em seu favor. Você já deve saber que isso é sinônimo de magia negra. Como já foi explicado, quando você interfere na vida de quaisquer pessoas sem o consentimento delas, você está fazendo magia negra e talvez haja consequências para aqueles que a praticam.

Ao contrário dos capítulos anteriores onde foram apresentados dois ou mais feitiços para cada área, neste iremos apresentar apenas um. Isso se dará, porque feitiços de manipulação requerem um espírito muito poderoso que realmente possui a capacidade de manipular as pessoas e que vai concordar em fazer o trabalho para você. Quando se trabalha com espíritos como Bune para ganhar uma promoção no trabalho por exemplo, ele terá que manipular seus chefes, mas isso é diferente, porque você não está pedindo a ele diretamente para manipular ninguém. Então, eu só consigo pensar em um espírito que tem todos os requisitos necessários para executar esta tarefa, e ele é Belial.

Trabalhando com Belial

Belial é um rei muito poderoso que governa 50 legiões de espíritos. Acredita-se que tenha sido criado logo após Lúcifer, então você pode imaginar o quão antigo e poderoso ele é. Trabalhar com Belial requer paciência e confiança, pois ele pode te ignorar completamente, manipular ou te enganar, caso você ache que ele não é grande e poderoso o suficiente ou caso você demonstre suas fraquezas para ele. Uma aproximação preliminar ou pré-ritual através de orações e oferendas antes de chamá-lo propriamente é a melhor maneira de conseguir a colaboração de Belial.

Todos que trabalham com este espírito concordam em um ponto: ele não gosta de ser chamado de rei. Ele ocupa esta posição, porém, o melhor é sempre se referir a ele somente como Belial.

Coisas Que Você Vai Precisar

- Três velas brancas.
- Incenso (olíbano).
- Água, sal, alimentos, objetos, etc. O que você escolher oferecer a ele.
- O selo de Belial.
- Agulha esterilizada.

Passo a Passo

Pré-ritual

I. Ativação do selo de Belial

Segure o selo em sua mão e olhe para ele por três minutos. Observe todos os detalhes e o absorva em sua mente. Então diga:

Selo, tu agora representas uma conexão com Belial. Que assim seja.

Figura 9. O selo de Belial

II. Devoção

Durante três dias antes de lançar o feitiço, recite a seguinte prece para Belial e ofereça-lhe uma coisa diferente a cada dia:

Grande e Poderoso Belial, escuta-me. Venho a ti disposto a receber os teus ensina-mentos e glória. Aceite esse meu sacrifício simbolizado por essa oferenda, como um sinal de nossa comunhão e respeito.

Permaneça em silêncio por alguns instantes. A oferenda pode ser descartada algumas horas depois.

O ritual

I. Realize o Ritual de Banimento do Pentagrama.

II. Monte o altar com o Triângulo de Arte e incenso. Coloque uma vela em cada extremidade do triângulo e o consagre.

III. Coloque o selo dentro do triângulo, queime o incenso e acenda as velas.

IV. Trace um círculo.

V. Invoque (3x):

Ó Forte e Poderoso Belial, grande e temido, eu te invoco.

Peço que me escutes e estejas propenso a receber minhas solicitações.

Teus poderes e habilidades são o que necessito neste momento.

Em qualquer parte do mundo onde quer que estejas, eu te invoco Belial.

VI. Sacrifício e pedidos

Eu humildemente ofereço a ti [insira o nome do que você está oferecendo] e uma gota do meu sangue.

Ouça-me e ajuda-me a [insira o seu desejo].

Conceda meu desejo dentro de [insira quantos dias você vai dar a ele para atender aos seus pedidos] e sem causar danos a mim mesmo, minha família, meus amigos ou qualquer outra pessoa.

Use uma agulha esterilizada para furar o dedo e pingar uma gota de sangue no altar. Isso é necessário, porque você está pedindo Belial para manipular alguém e isso não é algo fácil de fazer. O seu sangue irá fornecer mais energia para Belial.

VII. Agradecendo o espírito

Eu lhe agradeço, espírito Belial, pela tua ajuda neste rito.

Tua presença me honra, porque eu sei o quão poderoso tu és.

Agora tu podes voltar de onde tu vieste pronto para cumprir o que eu pedi de ti.

VIII. Feche o círculo e desative o triângulo.

IX. As oferendas você pode descartar algumas horas depois.

X. Realize o Ritual de Banimento do Pentagrama.

CAPÍTULO 7

ENCONTRANDO RESPOSTAS

Quando queremos encontrar respostas para perguntas sobre o presente ou o futuro, estamos na verdade falando de divinação que é um termo amplamente usado por magos e bruxas, uma vez que é considerado um dever antes de qualquer operação mágica. Quando estamos nos preparando para realizar uma evocação ou para lançar um feitiço, devemos primeiro tentar descobrir se essa operação vai funcionar, se a entidade que pretendemos chamar vai nos ajudar, etc. O problema com a divinação é devido à complexidade dos seus métodos confiáveis, como Tarô e vidência, que exigem dedicação do mago e pelo menos alguns meses de prática.

Antes de escrever este capítulo quando eu ainda estava pensando se deveria incluir uma discussão sobre divinação neste livro, foi complicado decidir o método de divinação mais confiável que fosse possível ser ensinado em apenas algumas páginas. Não seria possível explicar como o Tarô funciona, porque levaria metade de um livro. Vidência também estava fora de questão, porque simplesmente não se aprende a ser vidente, este é um dom que você nasce com ele. Claro que você pode praticar vidência e tentar florescer essa habilidade em você, mas não será tão eficiente quanto um vidente natural. O pêndulo é outro método que é consideravelmente fácil, já que você só precisa de um pequeno objeto pendurado em uma corda, mas na minha experiência, pêndulos não são adequados para essa tarefa. Na maioria das vezes ele lhe fornece respostas precisas apenas para coisas que sua mente consciente ou inconsciente já conhece. Fazer perguntas futuras para um pêndulo, você provavelmente irá obter respostas erradas, porque o seu subconsciente não sabe as respostas ainda. Mas pêndulos podem ser úteis quando não temos certeza sobre que direção tomar em nossa vida, pois ele pode acessar nosso subconsciente que é uma biblioteca gigante que nunca se esquece de nada.

Neste capítulo, apresento três métodos de divinação que são fáceis de usar e são mais eficientes do que um pêndulo. Primeiro você vai aprender como descobrir o nome de seu anjo e demônio de guarda. Uma vez que você saiba seus nomes, você poderá usá-los para fazer perguntas sobre a sua vida, porque eles sabem tudo sobre você no tempo presente e futuro e não têm razões para mentir. O segundo método usa um simples baralho de cartas e o último é chamado de escrita livre.

O Nome do Seu Anjo e Demônio de Guarda

Um anjo de guarda é um anjo que nos segue desde o primeiro dia de nossa vida até o último. Ele nos guia e protege em todos os momentos, mesmo que não saibamos de sua existência. Um demônio de guarda atua de forma semelhante, mas com menos influência, uma vez que tendemos a ignorar e repelir tudo relacionado a demônios.

Demônios são espíritos que não podem ser chamados de anjos porque, em um tempo muito distante, eles perderam esse título por algum motivo que não podemos ter certeza do que foi. Mas eles não são espíritos do inferno como você possa pensar. Um mago deve saber que o inferno não existe e o plano astral é muito mais complicado do que a simples definição cristã de céu e inferno.

Trabalhar com demônios tende a ser mais fácil do que trabalhar com os anjos. Eles vêm mais rápido e podem entender melhor nossas necessidades mortais, enquanto os anjos podem ter algumas dificuldades. Isso não significa que você deve evitar trabalhar com os anjos de qualquer maneira. Eles são criaturas muito poderosas com muitas funções no universo e uma delas é ajudar os seres humanos. Eles só precisam confiar em você, em outras palavras, você tem que criar um vínculo com eles e não apenas pedir favores uma vez ou outra.

Método 1 - Pêndulo

Embora o pêndulo não seja uma maneira confiável de divinação, vamos usá-lo no processo de tentar encontrar o nome de seu anjo ou demônio de guarda, porque eu também forneço aqui uma maneira fácil de você verificar se a informação que obtive a partir do pêndulo está correta.

Calibrando o pêndulo

Se você é um iniciante ou se está utilizando um pêndulo novo, é preciso calibrá-lo em primeiro lugar.

I. Segure o pêndulo entre o polegar e o dedo indicador sempre permitindo que se mova livremente. Se você quiser, você pode sentar e descansar seu cotovelo em uma mesa na sua frente.

II. Pergunte ao pêndulo "mostre-me um sim" e ele vai se mover lhe mostrando qual movimento significa sim. Pergunte "mostre-me um não" e veja qual movimento significa uma resposta negativa.

III. Agora faça perguntas óbvias, como "o meu nome é [seu nome]?". Apenas pare de fazer perguntas óbvias quando você obtiver apenas respostas corretas.

IV. Agora que você calibrou o pêndulo é preciso fazer uma cópia ampliada da seguinte tabela:

Tabela 2. Pêndulo

1	2	3	4	5
6	7	8	9	A
B	C	D	E	F
G	H	I	J	K
L	M	N	O	P
Q	R	S	T	U
V	X	Z	W	Y

Preparação

I. Escolha um lugar calmo para trabalhar.

II. Realize o Ritual de Banimento do Pentagrama.

III. Pegue uma caneta e papel em branco para que você anote as respostas.

IV. Trace um círculo.

V. Sente-se dentro do círculo e relaxe um pouco. Coloque o papel com os números e letras no chão na sua frente.

VI. Dê a seguinte instrução para o pêndulo:

Pêndulo, você se moverá apenas sobre os números e letras corretas.

Perguntando o pêndulo

I. Segure o pêndulo e comece a fazer as seguintes perguntas:

1. *Quantas letras tem o nome do meu anjo/demônio de guarda?* - Coloque o pêndulo sobre cada número por 5-10 segundos. Quando se mover, você tem sua resposta.

2. *Qual é a primeira letra do nome do meu anjo/demônio de guarda?* - Coloque o pêndulo sobre cada letra até que você obtenha a resposta correta. Repita isso para as outras letras, conforme o número que você obteve na primeira pergunta.

II. Depois de terminar com as perguntas, feche o círculo e faça o Ritual de Banimento do Pentagrama.

Verificando as informações

I. Acesse o site google.com e procure anjo/demônio + nome, exemplo: demônio Aym; anjo Haniel.

II. Se você encontrar qualquer resultado relacionado com anjos ou demônios, o que você obteve do pêndulo está correto.

III. No caso de você não conseguir encontrar nada de útil, repita a pesquisa usando aspas. Exemplo: "demônio Aym"; "anjo Haniel".

Se mesmo depois de usar aspas, você não obter quaisquer resultados relacionados a anjos ou demônios, isso significa que o nome do seu espírito guardião não está na internet ou o pêndulo não funcionou para você. Neste caso, existe uma última opção que você poderia tentar.

IV. Procure por nomes de anjos e demônios e estude o padrão deles. Geralmente, esses nomes compartilham algumas semelhanças. Compare-os com os nomes que você tem. Se eles não tiverem nada em comum, tente usar o tabuleiro Ouija, o nosso próximo assunto.

Método 2 - Tabuleiro Ouija

O Tabuleiro Ouija, também conhecido como Tábua dos Espíritos, é uma ferramenta usada para entrar em contato com entidades espirituais, a fim de obter respostas delas. Este também não é um método recomendado para divinação, porque há uma alta probabilidade de que quando você faz uso do tabuleiro, você está na verdade falando consigo mesmo ou os espíritos estão mentindo para você. Outro ponto negativo é o fato de que nós não sabemos com que tipo de espíritos estamos lidando.

Ao usar este instrumento, uma porta é aberta automaticamente e qualquer tipo de espírito pode vir através dela para responder as perguntas do utilizador. É por isso que você deve sempre usá-lo acompanhado de outra pessoa para evitar que você esteja muito vulnerável e possa ser enganado pelos espíritos. Outra razão para que você não faça uso dele sozinho é evitar que sua mente interfira nas respostas. Portanto, siga todas as recomendações dadas a seguir para aumentar sua taxa de sucesso.

Figura 10. O Tabuleiro Ouija

Nota: utilize o tabuleiro apenas se o pêndulo não funcionou para você. Não o utilize para verificar se as informações que o pêndulo lhe deu estão corretas.

Usando o tabuleiro

I. Faça o Ritual de Banimento do Pentagrama.

II. Trace um círculo grande o suficiente para duas pessoas.

III. Essas duas pessoas que eu vou chamar de "operadores", devem sentar-se dentro do círculo com o tabuleiro na frente deles.

IV. Os operadores devem colocar seus dedos indicadores sobre a paleta. Não coloque muita força sobre ela.

V. Um dos operadores pergunta:

Há algum espírito aqui disposto a responder às minhas perguntas?

VI. Quando você receber um sim, avance para a seguinte pergunta:

Alguma vez você já viveu?

VII. Se a resposta for sim, vá para a seção Fechando o Tabuleiro. O motivo disso é porque somente espíritos de pessoas mortas iriam responder sim a esta pergunta e eles não têm nada para lhe oferecer.

VIII. Se a resposta for não, proceda a pergunta seguinte:

Qual o seu nome?

IX. Se o espírito se recusar a dar-lhe seu nome, diga:

Eu sou o governante deste lugar. Aqueles que queiram participar deste ritual devem dizer seus nomes, porque esta é a minha regra. Diga o seu nome agora ou saia.

X. Se o espírito novamente se recusar a dar seu nome, vá para a seção Fechando o Tabuleiro e tente novamente mais tarde. Caso contrário, você pode continuar com a próxima pergunta.

XI. Mostre a sua autoridade para o espírito:

Eu sou o governante deste lugar e eu estabeleci uma regra importante. Você deve dar apenas respostas corretas para todas as minhas perguntas. Você está disposto a seguir essa regra?

XII. Se a resposta for não, feche o tabuleiro, se for sim, proceda:

Qual é o nome do meu anjo/demônio de guarda?

XIII. Anote o nome dado. Não faça mais perguntas. Não fique tentado a fazer perguntas sobre sua vida pessoal.

Fechando o tabuleiro

I. Uma vez que você tenha o nome do seu anjo ou demônio, você deve fechar a porta que abriu. Comece dizendo:

Obrigado por responder às minhas solicitações, e agora eu digo adeus.

II. Aguarde a paleta se mover para o "adeus" em cima da mesa. Mesmo que ela não se mova, você deve dizer o seguinte:

Todas as minhas perguntas foram respondidas e agora todas as entidades aqui presentes devem sair. Em nome de Adonai e em meu próprio nome, o governante deste lugar, eu declaro este templo fechado.

III. Vire o tabuleiro de cabeça para baixo.

IV. Feche o círculo e faça o Ritual de Banimento do Pentagrama.

Verificando as informações

Repita os mesmos procedimentos para verificar a informação recebida usado na seção do pêndulo. Se você não obtiver resultados positivos, receio que este método também não funcionou para você. Claro que é possível que os nomes dos seus espíritos guardiões não estejam na internet ou que eles não tenham nada em comum com os nomes de outros anjos e demônios, mas isso não é um bom sinal.

Estabelecendo Contato

Depois de descobrir o nome de seu anjo ou demônio, é hora de entrar em contato com ele. Você deve trabalhar apenas com um deles de cada vez, pelo menos até você ganhar mais experiência e decidir por si mesmo se é seguro ter dois espíritos diferentes guiando sua vida.

Faça uma prece com suas próprias palavras dizendo que você realmente quer que ele se revele a você. Recite-a todos os dias até que você sinta a presença dele cada vez mais. Antes da prece, você deve vibrar o nome de seu anjo ou demônio de guarda por cerca de dois minutos. Você também pode tentar encontrar o selo dele na internet; seria muito útil. Se você encontrar, utilize antes da oração, olhando para o selo enquanto vibra o nome do seu guardião. Limpe sua mente e medite a espera de algum sinal dele. Ele pode contatá-lo através de quase qualquer meio, incluindo sonhos, internet, filmes, etc. Você poderia estar assistindo a um filme e de repente algum personagem diz algo que chama a sua atenção e imediatamente faz você pensar sobre o seu anjo ou demônio; isso é uma mensagem dele.

Uma vez que o contato foi estabelecido, você pode usar um pêndulo para fazer perguntas, desde que você sinta a presença deles antes, porque usar um pêndulo sem ter certeza que seu anjo ou demônio está presente no local, não vai lhe dar bons resultados. Outras maneiras de receber respostas dependerá do vínculo entre você e eles. Eles vão mostrar o que vai funcionar melhor no seu caso.

Obtendo Respostas com um Baralho de Cartas

As cartas têm poderes e podem nos dar respostas para quase tudo em nossas vidas, nos mostrando o futuro ou mais comumente, os caminhos que devemos seguir. O Tarô e o Baralho Cigano são os dois métodos mais utilizados de divinação através de cartas. O Tarô é mais complexo e possui mais de setenta cartas diferentes com seu próprio significado. Tanto o Tarô e o Baralho Cigano não são adequados para perguntas de sim ou não. Eles não podem responder especificamente se sua namorada está te traindo ou se você vai se casar algum dia. Se você perguntar algo assim, as chances de você ficar ainda mais confuso são elevadas. É por isso que muitos leitores de Tarô não permitem que seus clientes façam perguntas específicas.

Um simples baralho de cartas pode ser transformado em uma ferramenta mágica para divinação ideal para questões cotidianas. Você pode usar para perguntar se você deve ir a uma festa, se você deve ligar para alguém ou até mesmo se você deve ou não lançar um feitiço. Infelizmente, como todos os outros oráculos de sim ou não, questões futuras podem não ser devidamente respondidas. Portanto, evite perguntar o que vai acontecer em sua vida.

Passo a Passo

I. Compre um baralho de cartas.

II. Escreva SIM no Nove de Copas e NÃO no Nove de Espadas.

III. Normalmente, um baralho comum vem com dois Curingas, mas você vai usar apenas um, o outro você pode deixar de lado. O Curinga será o TALVEZ do seu baralho mágico.

Consagrando o baralho

O baralho deve ser consagrado aos quatro elementos, caso contrário, ele não terá poderes.

I. Você vai precisar de incenso (qualquer tipo), um recipiente com água, uma vela, sal ou terra.

II. Vá para o lugar onde você consagra as suas ferramentas mágicas e monte um altar em um espaço onde você pode andar em torno dele. Coloque o baralho sobre o altar.

III. Em uma área circular ao redor do altar, coloque o incenso no leste, a vela no sul, o recipiente com água no oeste e o sal no norte.

IV. Vá para o oeste do altar, vire-se para o leste e abra o templo dizendo:

Eu convoco as mais altas forças do universo para me guiar neste ritual. A intenção deste trabalho é de consagrar e dar os poderes necessários para que este baralho de cartas possa se tornar uma ferramenta mágica capaz de responder a tudo o que eu lhe perguntar.

V. Vá para o leste, queime o incenso e diga:

Invoco os guardiões do leste, poderosos sílfides. Me emprestem os poderes do ar para que eu possa fazer o que devo fazer hoje.

VI. Vá para o sul, acenda a vela e diga:

Invoco os guardiões do sul, poderosas salamandras. Me emprestem os poderes do fogo para que eu possa fazer o que devo fazer hoje.

VII. Vá para o oeste, pegue o recipiente com água e diga:

Invoco os guardiões do oeste, poderosas ondinas. Me emprestem os poderes da água para que eu possa fazer o que devo fazer hoje.

VIII. Vá para o norte, pegue um pouco de sal e diga:

Invoco os guardiões do norte, poderosos gnomos. Me emprestem os poderes da terra para que eu possa fazer o que devo fazer hoje.

IX. Pegue o baralho, vá para o leste e diga:

Que os guardiões do leste consagrem e habilitem este baralho de cartas.

Passe o baralho através da fumaça do incenso.

Repita a mesma ação no sul, oeste e norte.

Nota: você não deve passar o baralho na chama da vela. Segurar a vela em uma mão e o baralho na outra enquanto pede os guardiões do sul para consagrá-lo é suficiente. O mesmo acontece com a água. Água pode danificá-lo, por isso tome cuidado.

X. Depois de terminar no norte, espalhe as cartas sobre o altar. Aponte sua varinha para elas e diga:

Baralho de cartas, você agora é mágico. Pelos poderes do ar, fogo, água e terra, você agora é capaz de responder a quaisquer perguntas corretamente. O Nove de Copas significa sim, o Nove de Espadas significa não e o Curinga significa talvez. Para responder às minhas perguntas, você deve passar por todas as dimensões do universo, passado e futuro, e voltar com respostas corretas. Assim seja.

XI. Vá para cada direção, começando pelo leste e diga:

Agradeço aos guardiões do [insira a direção] por sua ajuda hoje. Eu agora fecho o portal do [insira a direção].

XII. Vá para o oeste do altar, vire-se para o leste e diga:

Agradeço as mais altas forças do universo por permitirem que esse trabalho acontecesse. Eu agora declaro este templo fechado.

Usando o baralho

I. Sente-se em uma posição confortável e se concentre no que você quer saber. Faça sua pergunta em voz alta, dirigindo-se as cartas.

II. Embaralhe elas o melhor que puder. Quanto mais embaralhado, melhor. Enquanto faz isso, repita a pergunta novamente.

III. Coloque o baralho na sua frente como mostra a imagem seguinte.

Figura 11. Carta de baralho

IV. Corte o baralho duas vezes a partir da esquerda para a direita.

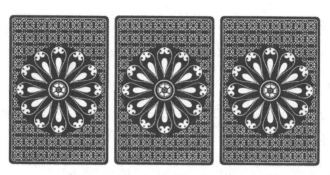

Figura 12. Cortando o baralho

V. Agora junte as cartas novamente, colocando as pilhas uma encima das outras, da esquerda para a direita.

VI. Agora comece a virar as cartas uma a uma sempre fazendo o movimento da esquerda para a direita até chegar a um sim, não ou talvez. Por exemplo, se você retirar um sim primeiro, esta é a sua resposta.

Não faça a mesma pergunta novamente. Se você fizer isso, você provavelmente terá uma resposta diferente e isso confundirá sua mente. Você tem que aceitar a primeira resposta como sendo a correta. É assim que funciona a divinação.

Você pode escolher outro método de embaralhar e cortar as cartas caso tenha um melhor.

Escrita Livre

Há um método de divinação chamado escrita automática que é semelhante à minha escrita livre, mas com uma diferença. Para usar a escrita automática, você pega uma caneta ou lápis, uma folha de papel, senta em uma mesa, relaxa e começa a escrever o que vem à sua mente. Isso pode funcionar e você deve experimentar se quiser. O método que eu vou te ensinar aqui é diferente, porque ao invés de você escrever o que vem à sua mente, sua mão movimenta a caneta de forma automática e você não controla quando começar e quando parar. Considero que essa técnica foi desenvolvida por mim, porque eu tive essa ideia sem antes ter visto nada semelhante em nenhum lugar.

Passo a Passo

I. Você pode fazer uma invocação preliminar para algum deus ou outra entidade que você acha que pode lhe dar respostas. Pegue uma caneta e folha de papel. Sente-se em uma mesa ou em qualquer lugar onde você possa escrever confortavelmente.

II. Relaxe o corpo e a mente. Esqueça o resto do mundo.

III. Coloque a folha sobre a mesa e posicione a caneta sobre ela sem colocar muita pressão.

IV. Dê as instruções sobre como você deseja receber as respostas. Por exemplo, diga:

Todas as perguntas que eu fizer aqui devem ser respondidas com um S significando sim e um N para não.

V. Feche os olhos e faça sua pergunta em voz alta.

Sua mão vai começar a se mover em menos de um minuto. Não coloque muita pressão sobre o lápis.

VI. Depois de terminar, abra os olhos e veja se você tem um S ou um N. Esta é a sua resposta.

CAPÍTULO 8

EVOCAÇÕES

Existe uma confusão envolvendo invocações e evocações, e muitos utilizam esses dois termos de maneira equivocada, pois eles são semelhantes. A invocação é quando você chama uma entidade, mas na verdade você não solicita que ela se manifeste de nenhuma forma; evocação é quando você exige explicitamente que a entidade se manifeste de forma visível ou audível. Evocações tem a vantagem de serem mais intensas, porque você pode sentir, ouvir ou ver o espírito através do espelho negro, chama de uma vela, incenso, etc. Claro que a intensidade desses fenômenos é limitada pela sua capacidade de sensibilidade, sendo assim, você pode evocar um espírito e simplesmente não sentir, ver ou ouvir nada. Alguns procedimentos neste livro são semelhantes às evocações devido a forma do ritual, mas desde que você não foi instruído a esperar por qualquer tipo de manifestação ou solicitá-las, eu os classifico como invocações, embora você possa sentir ou ouvir alguma coisa independente de ter pedido por isso ou não.

Neste capítulo, vamos aprender a evocar Lúcifer, Miguel e Lilith. Os dois primeiros foram escolhidos para estar aqui, porque eles são espíritos que demandam mais atenção, e embora você possa chamá-los utilizando métodos comuns, você provavelmente não conseguirá obter quaisquer resultados. Lilith é relativamente fácil de evocar, mas ela é difícil de lidar e devemos tomar algumas precauções.

Lúcifer

Eu geralmente começaria este parágrafo explicando o que Lúcifer é, seus poderes, etc., mas decidi não o fazer. Por quê? Porque ele é um espírito muito difícil de entrar em contato e ninguém pode realmente dizer qual é a história real de Lúcifer. Só posso dizer coisas que não são diretamente dependentes dele. Por exemplo, eu posso dizer que ele não é o rei do inferno, porque sabemos que o inferno não existe; ele também não é Satanás de forma alguma, porque essas duas criaturas têm histórias completamente diferentes e, para ser franco, eu não tenho certeza da existência de Satanás. Também é seguro dizer que Lúcifer é um espírito incrivelmente poderoso, bem conhecido no plano astral e respeitado pelas maiores entidades. Muitos espíritos, como reis e príncipes, são obedientes a ele.

Lúcifer fez seu nome e tornou-se o mais famoso anjo entre os seres humanos e espíritos. Rei, Príncipe e Imperador estão entre seus títulos, sempre sendo o maior deles. Quanto mais importante um espírito é, mais difícil é entrar em contato com ele. Isso explica porque evocar Lúcifer exige muito trabalho e dedicação. Ou você se dedica a ele ou ele não vai notar a sua existência.

As instruções dadas a seguir são para serem estritamente seguidas, caso contrário, é provável que você falhe.

Devoção a Lúcifer

Se aproximar de Lúcifer significa mostrar a ele que você merece sua atenção e não há melhor maneira de fazer isso do que adorá-lo. Isso significa que por um certo período de dias que antecedem à evocação de fato, você tem que esquecer todos os outros espíritos que trabalham com você e concentrar sua atenção em Lúcifer somente. Se você leu este livro desde o início, você já sabe que se demonstra devoção a um espírito através de preces e oferendas, mas com Lúcifer, você deve considerar apenas a parte das preces.

Sem Oferendas e Sem Banimento

Sim, você entendeu corretamente. Lúcifer é diferente e oferendas não são necessárias ao tentar fazer o primeiro contato com ele. Talvez mais tarde, quando um vínculo for criado entre vocês dois, ele possa pedir algo de você, mas por enquanto, apenas preces e um pequeno auto sacrifício que vou explicar mais tarde são necessários. Rituais de banimento também estão fora de questão. Embora seja aconselhável terminar uma evocação banindo as energias presentes no local, com Lúcifer não é necessário. Na verdade, eu não acredito que espíritos elevados, como reis, príncipes e duques devam ser banidos, uma vez que eles tendem a ir embora imediatamente depois que você os concede a licença para partir. Lúcifer não deve nem mesmo ser convidado a se retirar; ele vai fazer isso por si só, não se preocupe.

Pré-ritual

Durante sete dias antes do ritual, você deve recitar uma oração a Lúcifer. Isto deve ser feito na mesma hora todos os dias. Assim, se no primeiro dia você recitou a oração às 20:00, nos próximos seis dias você vai fazê-lo também às 20:00. Você também deve ficar sete dias mais as horas até o ritual sem comer carne. Este é um sacrifício que você faz a fim de se purificar. É improvável que Lúcifer se comunique se você estiver impuro.

I. A oração

Helel, Heylel, o Iluminado, o Portador da Luz.

Phosphorus, a Estrela da Manhã.

Heosphoros, o que traz o amanhecer.

Grande e Poderoso Lúcifer, o Portador da Luz.

Tu que foi injustiçado e profanado pela humanidade.

Tu que és respeitado e temido por espíritos.

Rei, Príncipe, Imperador e todos os outros nomes e títulos que tu queiras ser chamado.

Teu poder e a tua glória estão acima de todos os seres humanos.

Eu te chamo e peço que tu me escutes.

Deixe-me andar sob a tua proteção, de modo que nenhum inimigo nunca será capaz de chegar a mim.

Envie-me tua luz e teu conhecimento; me faça um homem sábio.

Eu te convido para a minha vida e eu aceito a tua glória.

Faça-me mais forte e temido; me torne saudável e com sorte.

Faça-me ver o que eu não posso ver; me faça ser capaz de sentir a tua presença e ouvir a tua voz.

Ó Grande e Poderoso Lúcifer, injustiçado e profanado pela humanidade.

Guia-me e faça de mim o teu protegido.

Salve Lúcifer. Amém.

II. Depois da oração, medite com Lúcifer por dez minutos.

O Ritual

Após sete dias de orações e purificação, você está pronto para evocar Lúcifer no oitavo dia. A evocação deve acontecer às 5 horas da manhã, sendo assim, comece a preparar o local alguns minutos antes.

Coisas que você vai precisar

- Incenso. Escolha um destes: morning star, sândalo, lavanda, cedro.
- Três velas brancas.
- O selo de Lúcifer.

Arranjos do templo

I. Escolha um lugar calmo e limpo, onde você possa se sentir confortável e relaxado.

II. Como você estará sentado no chão e você tem que estar totalmente relaxado, pegue algumas almofadas para se sentar confortavelmente.

III. O altar deve ser preparado no chão ou sobre uma pequena mesa na sua frente, porque você vai precisar olhar para o selo enquanto vibra o nome de Lúcifer.

IV. Retire objetos desnecessários do local.

V. Luz baixa é sempre recomendável. Como neste ritual três velas são usadas, não há necessidade de usar a luz elétrica.

Limpeza do espaço e montagem do altar

I. Queime um incenso, vá para o leste, virado para o leste. Diga:

Em nome de Lúcifer, o Portador da Luz, que esse local seja consagrado e purificado.

Eu ordeno que todas as energias, boas ou ruins, deixem este local agora.

Este é o templo de Lúcifer onde vocês não têm permissão para ficar.

II. Espalhe a fumaça do incenso pelo ambiente.

III. Prepare o altar em frente de onde você vai se sentar com o triângulo, velas, incenso e o selo de Lúcifer. Nenhum círculo deve ser feito dentro do triângulo, porque a intenção não é de prendê-lo, mas somente ajudá-lo a se manifestar.

IV. Coloque uma vela em cada extremidade do triângulo. Incenso deve ser colocado do lado direito e esquerdo.

V. Coloque o selo de Lúcifer dentro do triângulo.

Figura 13. O selo de Lúcifer

Evocando

I. Acenda o incenso e as velas.

II. Sente-se em uma posição confortável.

III. Recite a mesma oração a Lúcifer usado no início deste ritual.

IV. Olhe para o selo e vibre o nome de Lúcifer por dois minutos.

V. Agora evoque Lúcifer dizendo a seguinte conjuração sete vezes:

O Grande Lúcifer, eu fiz tudo o que era necessário para te receber.

Este é o templo que eu preparei para ti.

Eu te convido a se juntar a mim. Por favor, se revele para mim.

Deixe-me vê-lo, ouvir ou senti-lo.

Conceda-me a alegria da tua presença.

Venha Lúcifer. Venha. Venha. Venha.

VI. Feche os olhos e medite com Lúcifer; visualize o selo dele em sua mente.

Lúcifer irá guiá-lo a partir deste ponto. Ele vai decidir a melhor maneira de se manifestar a você. Talvez você só vai ser capaz de sentir a sua presença, mas não o ouvir.

VII. Depois que ele se for, agradeça com suas próprias palavras. Repare que eu disse depois que ele se for, isto é, ele decide quando ele deve partir; você não deve mandá-lo embora.

Miguel

Miguel é um dos quatro principais arcanjos de Deus. Ele governa o elemento fogo e é também o Arcanjo do Sol (ou Mercúrio) e o Arcanjo de Hod, uma esfera da Árvore da Vida. Miguel é um guerreiro, e na tradição cristã, ele é descrito como aquele que liderou os exércitos de Deus contra Satanás. Ele é visto como o oposto de Lúcifer, aquele que permaneceu fielmente ao lado de Deus.

Você já deve saber que convocar um arcanjo não é uma tarefa fácil. Eles governam o universo juntamente com os outros anjos, demônios e espíritos; eles estão no comando dos planetas e esferas e, portanto, não atenderão o chamado daqueles que não estão totalmente preparados ou são impuros. Isto significa que a mesma devoção dada a Lúcifer tem de ser dada a Miguel também.

Algumas pessoas dizem que os anjos são criaturas arrogantes quando eles são evocados. Embora eu não ache que isso seja uma regra, você pode encontrar um anjo que não esteja tão disposto a falar com você ou que não seja acostumado a falar com os seres humanos, porém, este não é o caso de Miguel. Ele conhece os seres humanos muito bem e está acostumado a receber pedidos e orações todos os dias.

Pré-ritual

Temo que como no ritual de Lúcifer, você também tem que ficar sete dias sem comer carne para entrar em contato com Miguel. Para ter sucesso em contatar espíritos poderosos como estes dois, o seu corpo deve estar puro. Na verdade, como dito no Capítulo 1, você deve fazer isso antes de todas as evocações. Claro que sete dias sem carne só é necessário com espíritos que são mais difíceis de chamar a atenção; com os outros, 24 horas é suficiente.

A seguinte oração deve ser recitada por sete dias consecutivos antes do ritual:

Ó Grande e Poderoso Miguel, Arcanjo de Shemesh, Arcanjo de Hod, Governante do Elemento Fogo, Grande Príncipe, Guerreiro de Deus, São Miguel, Protetor de Israel.

Tu que carregas uma espada flamejante e nenhum inimigo se atreve a desafiá-lo.

Guia-me e proteja-me contra todos os meus inimigos; os faça sentir o teu poder.

Eu sei que eu sou um simples ser humano, eu sei que em comparação a ti eu não sou ninguém, eu sei que eu sou fraco.

Mas te peço que me ensines como eu posso ser mais forte, como eu posso fazer meus inimigos me temerem, como posso ser um guerreiro como tu és.

De modo que eu serei capaz de estar ao teu lado, eu serei capaz de andar contigo, Santo Miguel.

Não desejo ser teu servo e sim teu amigo. Salve Arcanjo Miguel. Amém.

O Ritual

Ao contrário de Lúcifer, Miguel não tem uma hora especial para ser chamado, mas eu recomendo que você também o chame às 5 horas da manhã. Caso contrário, você deve escolher um momento em que tudo esteja calmo, sem tráfego na rua, ruídos na vizinhança, etc.

Coisas que você vai precisar

➢ Procure qualquer incenso de São Miguel ou Arcanjo Miguel, caso contrário, use olíbano.

➢ Quatro velas amarelas.

➢ O selo de Miguel.

Arranjos do templo

I. Escolha um lugar calmo e limpo, onde você pode se sentir confortável e relaxado.

II. Como você estará sentado no chão e você tem que estar totalmente relaxado, pegue algumas almofadas para se sentar confortavelmente.

III. O altar deve ser preparado no chão ou sobre uma pequena mesa na sua frente, porque você vai precisar olhar para o selo enquanto vibra o nome de Miguel.

IV. Retire objetos desnecessários do local.

V. Luz baixa é sempre recomendável. Como neste ritual três velas são usadas, não há necessidade de usar a luz elétrica.

Limpeza do espaço e montagem do altar

I. Acenda uma vela e vá para o sul. Desenhe no ar o Pentagrama de Invocação do Fogo.

Figura 14. O Pentagrama de Invocação do Fogo

II. Diga:

Em nome do Grande Arcanjo Miguel e através do elemento fogo, eu purifico este local.

Todas as energias, boas ou ruins, devem se retirar.

III. Miguel é o governante do sul, então o altar deve ser colocado nesta direção. O posicione em frente de onde você vai se sentar, com o triângulo, velas, incenso e o selo de Miguel. Nenhum círculo deve ser feito dentro do triângulo, porque o objetivo não é de prendê-lo, mas somente ajudá-lo a se manifestar.

IV. Coloque uma vela em cada extremidade do triângulo. Incenso deve ser colocado do lado direito e esquerdo.

V. Coloque o selo de Miguel dentro do triângulo.

Figura 15. O selo de Miguel

Evocando

I. Acenda as velas e incenso.

II. Sente-se em uma posição confortável.

III. Recite a mesma oração para Miguel usada no início deste ritual.

IV. Olhe para o selo e vibre o nome de Miguel por dois minutos.

V. Comece a evocação dizendo a seguinte conjuração sete vezes:

Ó Grande e Poderoso Miguel, eu te invoco.

Arcanjo do Fogo governando no sul, eu te invoco.

Arcanjo de Shemesh, eu te invoco.

Arcanjo de Hod, eu te invoco.

Miguel, guerreiro de Deus, anjo mais poderoso.

Te convido a se juntar a mim neste templo preparado especialmente para ti.

Venha e se revele para mim, porque eu preparei o meu corpo e alma para estarem em sintonia com a tua pureza e a tua glória.

VI. Fique em silêncio esperando pela chegada de Miguel. Cada detalhe é importante neste momento. A temperatura do local pode subir ou cair; a fumaça do incenso pode mudar de direção; você pode sentir a presença de alguém. Se você é sensível o suficiente, você deve ser capaz de ouvir a voz dele, mas ver é outra história. Se você quiser ver um espírito durante uma evocação, você deve usar um espelho negro, porque se manifestar no plano físico é muito difícil para eles.

VII. Depois que ele se for, agradeça com suas próprias palavras.

Lilith

Para uma descrição detalhada de Lilith, consulte o Capítulo 3.

Uma espécie de aproximação preliminar onde você expressa o desejo de se comunicar diretamente, deve preceder uma evocação de Lilith. Ela não é como os espíritos que estão acostumados a manter contato com os humanos e ela provavelmente não vai recebê-lo com um simples "o que você quer de mim?". É mais provável que ela seja um pouco rude e pergunte sobre uma boa razão pela qual você está a chamando e o que você tem para oferecê-la. Você deve ler uma prece por três dias consecutivos antes do ritual com o objetivo de se apresentar para ela. São maiores as chances de você ter sucesso se Lilith previamente conhecer com quem ela está se comunicando.

Se Aproximando de Lilith

I. Em primeiro lugar é necessário desenhar o selo de Lilith (Figura 3) sobre um papel branco.

II. Olhando para o selo, recite a seguinte prece por três dias antes do ritual:

Laylah, poderoso espírito de muitos nomes e virtudes, eu venho diante de ti, disposto a receber teus conselhos e ensinamentos nas áreas da feitiçaria, do sexo, da sedução e em tudo mais que você domine.

Que sempre haja paz e harmonia entre nós.

Salve Laylah. Amém.

O Ritual

Lilith deve ser evocada após a meia-noite para melhores resultados. Embora não seja necessário, um ritual em um dia de lua cheia e sob o luar seria uma combinação perfeita para uma manifestação realmente poderosa.

Coisas que você vai precisar

➢ Incenso: jasmim, rosa, ervas ou qualquer incenso de Lilith que pode ser encontrado em lojas esotéricas.

➢ Três velas vermelhas.

➢ Pétalas de rosas vermelhas para decorar o altar (opcional).

➢ O selo de Lilith.

Montando o altar

I. Prepare o altar com o Triângulo de Arte, velas, incenso e pétalas de rosas vermelhas.

II. Coloque uma vela em cada extremidade do triângulo. Incenso deve ser colocado do lado direito e esquerdo.

III. Coloque as pétalas de rosa em torno das velas.

IV. Coloque o selo de Lilith dentro do triângulo.

Evocando

I. Realize um banimento em nome de Lilith:

Em nome de Layil, senhora da noite, da ira e tempestade, ordeno que toda a negatividade saia deste lugar. Pelo poder de Layil, senhora da destruição e punição, seja este local abençoado e eu purificado.

PROCUL, O PROCUL ESTE PROFANI. Profanos e espíritos imundos se afastem.

II. Trace um círculo.

III. Junte as mãos e diga:

Em nome de Lilith, declaro este templo aberto.

IV. Comece a evocação dizendo:

Lilith, Laylah, Darkat, Layil, eu te invoco.

Mãe da Sedução, Senhora da Noite e todos os outros nomes que tu queiras ser chamada, eu te invoco.

Venha santo anjo da prostituição e se junte a mim neste templo sagrado.

Venha pacificamente, visivelmente e afavelmente e responda a todos os meus questionamentos.

Abra as portas do teu mundo para mim e me faça entender todos os mistérios do sexo, paixão, sedução, feitiçaria e todas as outras áreas que tu dominas.

Laylah, me escute e venha de qualquer parte do mundo onde tu estejas.

Eu te invoco. Eu te invoco. Eu te invoco.

Repita esta conjuração mais duas vezes. Lilith não vai demorar muito para se manifestar. Se você puder ouvir a voz dela, apenas mantenha a calma e não discuta com ela. Lembre-se de que é ela quem pode lhe ensinar muitas coisas e não o contrário.

V. Depois que ela responder a todas as suas perguntas, agradeça com suas próprias palavras e gentilmente peça a ela que venha rapidamente sempre quando for convocada.

VI. Feche o círculo.

VII. Realize o Ritual de Banimento do Pentagrama.

Nota: não torne o contato com Lilith algo rotineiro. Ela definitivamente não deve ser a primeira opção quando necessitamos de ajuda. Mesmo que você tenha uma experiência tranquila com ela, lembre-se que ela tem uma natureza selvagem. Há alguns anos atrás, chegou a meu conhecimento uma história de um adolescente que de maneira impensada e imprudente consagrou seu irmãozinho que ainda não havia nascido a Lilith. Alguns dias depois, a mãe do garoto começou a ter complicações na gravidez e acabou sofrendo um aborto. Apesar de eu não poder verificar a veracidade deste caso, isso é algo que realmente poderia acontecer.

CAPÍTULO 9

MAGIA PLANETÁRIA

Quando eu estava começando o estudo de magia, eu nem fazia ideia de como os planetas são importantes para a nossa vida. Eu sempre fui apaixonado por astronomia, mas sempre ignorei a astrologia. Signos, posição de planetas, horas, dias, cores, nunca significaram nada para mim até que eu descobri que os planetas são, de fato, a casa de todos os espíritos que conhecemos. Eles são parte de um sistema complexo onde o plano astral está organizado e pelo qual nosso mundo é diretamente influenciado. Exemplos de espíritos bem conhecidos e seus planetas são Gabriel (Lua), Miguel (Sol), Sachiel (Júpiter), Anael (Vênus).

Magia Planetária é um campo cheio de informações que não poderia ser completamente detalhado neste livro que tem a intenção de ser prático e fácil de seguir. Neste capítulo, vamos dar uma breve olhada neste assunto, abordando os pontos necessários para que você possa começar a praticar este tipo de magia.

Os Sete Planetas e Suas Características

Em astronomia, temos os seguintes planetas em nosso sistema solar: Mercúrio, Vênus, Terra, Marte, Júpiter, Saturno, Urano e Netuno. O Sol é a nossa estrela e a Lua o satélite da Terra. Essa é a configuração do sistema solar no plano físico, no entanto, as coisas são um pouco diferentes quando falamos sobre magia planetária. Na astrologia sete planetas ditam nossas vidas; eles são Saturno, Júpiter, Marte, Sol, Vênus, Mercúrio e Lua. Como você pode ver, o Sol é considerado um planeta, assim como a Lua, que é o mais complexo deles, como você verá mais tarde. A Terra não é levada em consideração, porque vivemos aqui e não podemos vê-la olhando para o espaço.

Cada planeta tem uma energia diferente que representa muitos aspectos de nossas vidas. Por exemplo, temos o Sol com seus poderes de cura; Mercúrio regendo sobre o intelecto; Vênus responsável pelas questões sexuais. A seguir, você tem uma lista completa com todas as atribuições dos sete planetas.

Saturno: princípios, maturidade, obrigação, estabilidade, organização, ancestrais, responsabilidade, lei, restrição, prudência, estrutura, idade, trabalho duro, paciência, disciplina, pragmatismo, comando, cautela, pontualidade, administração, obstáculos, privação, hierarquia, fundação, reparação, realidade, dever, honra, treinamento.

Júpiter: viagens, jornadas, amplitude, sabedoria, abundância, liberdade, filantropia, conselhos, justiça, fortuna, bênção, novos começos, ética, oportunidade, felicidade, consulta, filosofia, altruísmo, crenças, otimismo, riqueza.

Marte: esportes, vontade, energia, ação, ardor, pressa, coragem, insistência, desejo sexual, exercício, encontro, combate, tentativa, aventura.

Sol: avanço, autoridades, determinação, decisões, reconhecimento, fama, sucesso, projetos, dignidade, autoconfiança, planos, força, vitalidade, pensamentos, realização, criatividade.

Vênus: comunidades, equilíbrio, romantismo, paquera, diplomacia, meditação, amor, estilos, visitas, atividades sociais, carinho, beleza, encanto, companheirismo, arte, conforto.

Mercúrio: atividades, aprendizado, diálogos, discussões, instruções, discursos, conversas, ensino, correspondências, informações, ideias, transporte, literatura, intelectual, contratos, linguagem, críticas, estudos, edição, conferências, escrita, trânsito, palestras, comunicação.

Lua: marés, relaxamento, sentimentos, emoções, receptividade, meditação, nostalgia, tranquilidade, família, fertilidade, isolamento, subconsciente, calma, carinho, lembranças, segurança, bebês.

Cada planeta tem um dia da semana e horas não consecutivas durante um dia que eles governam. A hora é sempre mais importante do que o dia e a combinação dos dois é uma escolha perfeita. Por exemplo, se alguém deseja trabalhar com o Sol, o melhor dia é domingo durante uma das horas do sol. Mas se você não estiver disponível durante o horário, você deve escolher qualquer outro dia, mas sempre respeitando as horas do sol. As horas planetárias não são as mesmas todos os dias e elas são calculadas com base em sua localização. Você pode encontrar muitos sites que lhe darão as horas de um dia específico com base em onde você se encontra; há também alguns aplicativos para Android que lhe mostrarão esta informação de forma ainda mais precisa.

Outras características dos planetas são as cores e símbolos. As cores que você vai aprender neste livro são conhecidas como Escala da Rainha, o que representa o nível dos Arcanjos. Toda operação feita neste nível irá refletir aqui na Terra, portanto, você não precisa aprender os outros níveis por agora. Os símbolos dos planetas também são uma parte importante da magia planetária; eles carregam um poder místico e são usados em muitas operações, como evocações de espíritos planetários. Abaixo, você tem uma tabela contendo o dia dos planetas, cores e símbolos.

Tabela 3. As características dos planetas

Planeta	Dia	Cor	Símbolo
Saturno	Sábado	Preto	♄
Júpiter	Quinta	Azul	♃
Marte	Terça	Vermelho	♂
Sol	Domingo	Amarelo	☉
Vênus	Sexta	Esmeralda	♀
Mercúrio	Quarta	Laranja	☿
Lua	Segunda	Violeta	☾

Se você chegou aqui depois de ler o último capítulo, você deve ter notado que na invocação de Miguel nos referimos ao Sol como Shemesh. Este é o nome Hebraico do Sol e todos os outros planetas têm o seu próprio. Na tabela seguinte, você pode ver o nome em Hebraico dos sete planetas.

Tabela 4. Os nomes dos planetas em Hebraico

Planeta	Nome Hebraico
Saturno	Shabbathai
Júpiter	Tzedek
Marte	Madim
Sol	Shemesh
Vênus	Nogah
Mercúrio	Kobab
Lua	Levanah

Cada planeta é parte de uma estrutura maior chamada Sephiroth ou Sephira (singular). As Sephiroth são descritas como esferas que são emanações do poder divino. Esta é uma explicação simplista destas complexas estruturas e se destina apenas a servir como uma introdução para o próximo assunto sobre as diferentes forças que regem as esferas e os planetas. A seguir, você tem uma tabela relacionando os planetas com suas esferas correspondentes.

Tabela 5. Planetas e esferas

Planeta	Esfera
Saturno	Binah
Júpiter	Chesed
Marte	Geburah
Sol	Tiphareth
Vênus	Netzach
Mercúrio	Hod
Lua	Yesod
Terra	Malkuth

Hierarquia de Poder

Existem quatro níveis de poder que devem ser considerados quando se trabalha com planetas; eles são Divino, Arcangélico, Angélico e Terrestre. Os níveis Divinos são as esferas de luz onde um nome específico de Deus (nome divino) manifesta, e abaixo de Deus está o arcanjo da esfera. O nível Arcangélico é representado pelos arcanjos planetários; Angélico por suas inteligências e o nível Terrestre corresponde aos espíritos dos planetas.

Os arcanjos das esferas são superiores aos dos planetas. Eles têm mais poder e podem fazer qualquer coisa, em qualquer nível, uma vez que são governantes das Sephiroth. Isso não significa que você deva ir diretamente pedir alguma coisa a esses espíritos. Os arcanjos planetários são especializados de acordo com as características de seus planetas e, assim, eles podem nos dar o que queremos mais rapidamente.

A inteligência é um anjo que controla o espírito do planeta. Eles basicamente dizem aos espíritos o que fazer, porque os espíritos sozinhos são forças cegas. Quando você deseja uma abordagem mais introspectiva ou reflexiva aos poderes do planeta, você geralmente chama a inteligência. Quando você quer coisas materiais, como a obtenção de um emprego, um carro novo, ou até mesmo atrair alguém que você ama, você deve trabalhar com o espírito. Tenha em mente que as inteligências podem ser forças difíceis de lidar e os espíritos são ainda mais desafiadores. Ao evocar o espírito você deve sempre chamar a inteligência primeiro e quando evocar a inteligência é aconselhável chamar o arcanjo do planeta.

Tabela 6. Os poderes que governam os planetas 1

Esfera	Nome de Deus	Arcanjo	Planeta
Binah	YHVH Elohim אלהים יהוה	Tzaphkiel צפקיאל	Saturno
Chesed	El אל	Tzadkiel צדקיאל	Júpiter
Geburah	Elohim Gibor גביר אלהים	Kamael כמאל	Marte
Tiphareth	YHVH Eloah ve-Daath ודעת אלוה יהוה	Raphael רפאל	Sol
Netzach	YHVH Tzabaoth צבאות יהוה	Haniel האניאל	Vênus
Hod	Elohim Tzabaoth בצאות אלהים	Michael מיכאל	Mercúrio
Yesod	Shaddai El Chai חי אל שדי	Gabriel גבריאל	Lua
Malkuth	Adonai Ha Aretz מלך אדני	Sandalphon סנדלפון	Terra

Tabela 7. Os poderes que governam os planetas 2

Planeta	Arcanjo	Inteligência	Espírito
Saturno	Cassiel כסיאל	Agiel אגיאל	Zazel זזאל
Júpiter	Sachiel סחיאל	Yophiel יופיאל	Hismael הסמאל
Marte	Zamael זמאל	Graphiel גראפיאל	Bartzabel ברצבאל
Sol	Michael מיכאל	Nakhiel נכיאל	Sorath סורת
Vênus	Anael אנאל	Hagiel הגיאל	Qedemel קדמאל
Mercúrio	Raphael רפאל	Tiriel תיריאל	Taphthartharath תפתרתרת
Lua	Gabriel גבריאל	Malkah Be Tarshishim va A'ad Be Ruah Shehaqim מלכא ועד בתרשישים שהקים ברוה	Chasmodai חשמודאי

Note-se que Raphael é o arcanjo de ambos Tiphareth (esfera) e Mercúrio (planeta); Michael (ou Miguel) é o arcanjo de Hod e do Sol; Gabriel é o arcanjo de Yesod e da Lua. Tomando Raphael como exemplo, a diferença entre o que governa o planeta e o que governa uma esfera são seus poderes. Raphael governante de Mercúrio tem seus poderes de acordo com as características do planeta, enquanto o Raphael que governa Tiphareth tem poder ilimitado.

A Lua é o planeta mais complexo, porque tem muitas moradas e cada uma delas tem sua própria inteligência e espírito. Malkah Be Tarshishim va A'ad Be Ruah Shehaqim é a inteligência das inteligências da Lua. O espírito dos espíritos da Lua é Schad Barschemoth ha Shartathan, mas alguns livros antigos referem-se a Chasmodai ou Hasmodai como o espírito da Lua. Por uma questão de simplicidade, preferi usar Chasmodai como o espírito da Lua, porque quando aprendermos a fazer selos planetários será muito difícil de escrever o nome tanto da inteligência das inteligências e espírito dos espíritos em um pequeno pedaço de papel.

Evocando Espíritos Planetários

A primeira coisa a se fazer antes de evocar um espírito planetário é decidir o que você quer dele. Você não deve chamá-los para fazer perguntas que podem ser respondidas através de um livro ou uma simples consulta na internet. Você só deve pedir a ajuda deles com as coisas que você não pode conseguir sozinho ou que exigem trabalho duro. A segunda coisa é definir se o seu problema é mais material ou intelectual. A regra é material = espírito e intelectual = inteligência ou arcanjo.

Geralmente não se chama os arcanjos das esferas em um ritual de evocação. Estas criaturas cuidam de todo o universo e não apenas do nosso sistema solar. Você obterá melhores resultados trabalhando com as inteligências e espíritos dos planetas.

Todas as operações mágicas envolvendo planetas devem ser realizadas no dia e/ou hora do planeta específico. Não ignore este fato ou então a energia que será direcionada aos seus trabalhos será consideravelmente pequena, diminuindo as chances de bons resultados.

Selos dos Planetas, Inteligências e Espíritos

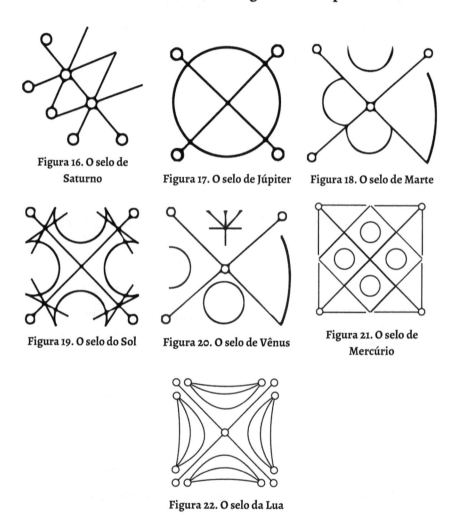

Figura 16. O selo de Saturno

Figura 17. O selo de Júpiter

Figura 18. O selo de Marte

Figura 19. O selo do Sol

Figura 20. O selo de Vênus

Figura 21. O selo de Mercúrio

Figura 22. O selo da Lua

A seguir, você tem os selos das inteligências e espíritos, respectivamente.

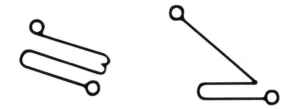

Figura 23. Os selos de Agiel e Zazel

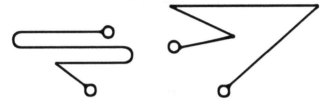

Figura 24. Os selos de Yophiel e Hismael

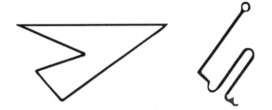

Figura 25. Os selos de Graphiel e Bartzabel

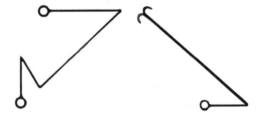

Figura 26. Os selos de Nakhiel e Sorath

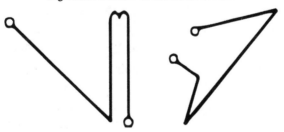

Figura 27. Os selos de Hagiel e Qedemel

Figura 28. Os selos de Tiriel e Taphthartharath

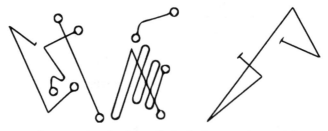

Figura 29. Os selos da Inteligência da Lua e Chasmodai

Coisas Que Você Vai Precisar

➤ Três velas na cor adequada do planeta.

➤ Incenso de acordo com a seguinte tabela:

Tabela 8. Incensos planetários

Planeta	Incenso
Saturno	Almíscar, mirra, civeta, patchuli, sálvia.
Júpiter	Cedro, noz-moscada, madressilva, macis, limão, açafrão.
Marte	Sangue de dragão, pinho, cipreste, benjoim, tabaco, coentro, cominho, gengibre, pimenta.
Sol	Olíbano, laranja, acácia, calêndula, canela, louro, açafrão.

Vênus	Rosa, murta, jasmim, benjoim, maçã, camomila, cardamomo, gardênia, jacinto, lilás, magnólia, baunilha, alcaçuz, almíscar.
Mercúrio	Macis, amêndoa, estoraque, sândalo, lavanda, benjoim, bergamota, menta, sálvia, ervilha de cheiro, lírio do vale.
Lua	Jasmim, papoula, murta, cânfora, sândalo, dama da noite, ópio.

Passo a Passo

I. Desenhe o selo do planeta em papel A4 utilizando a cor adequada. Em um pequeno papel desenhe separadamente o selo do espírito e inteligência, também usando a cor do planeta.

II. Prepare o altar com o Triângulo de Arte, velas e incenso. O triângulo deve ser colocado sobre o selo do planeta.

III. Coloque uma vela em cada extremidade do triângulo. Incenso deve ser colocado do lado direito e esquerdo.

IV. Coloque o selo do espírito e inteligência dentro do triângulo.

V. Realize o Ritual de Banimento do Pentagrama.

Nota: algumas fontes dizem que você deve realizar o Ritual Maior do Hexagrama para invocar a energia planetária. Eu não acho que isso é necessário, porque o ritual que eu descrevo aqui é para ser realizado na hora do planeta. O RMH foi criado pela Golden Dawn em 1888 e magia planetária é muito mais antiga do que isso.

VI. Acenda as velas e incenso.

VII. Trace um círculo.

VIII. Evoque o arcanjo do planeta:

Ó Grande e Poderoso [insira o nome do arcanjo], arcanjo de [insira o nome do planeta], em nome de [insira o nome de Deus da esfera], eu te invoco. Venha e se revele para mim.

IX. Evoque a inteligência do planeta:

Ó Grande e Poderoso [insira o nome da inteligência], inteligência de [insira o nome do planeta], em nome de [insira o nome do arcanjo], eu te invoco. Venha e se revele para mim.

X. Evoque o espírito do planeta:

Ó Grande e Poderoso [insira o nome do espírito], espírito de [insira o nome do planeta], em nome de [insira o nome da inteligência], eu te invoco. Venha pronto para responder às minhas perguntas e cumprir os meus comandos, porque eu te invoco em nome de [insira o nome da inteligência].

XI. Quando você sentir a presença do espírito, dê-lhe os seus comandos. Nunca se esqueça de pedir para que ele complete sua tarefa sem causar danos a você, sua família e seus amigos.

XII. Agradecendo os espíritos

Dou graças a ti, ó Grande Arcanjo de [insira o nome do planeta], por tua presença neste rito. Tu agora podes ir em paz, retornando para de onde veio e pronto para realizar o que lhe foi solicitado.

Repita o mesmo para a inteligência e espírito.

XIII. Faça a Cruz Cabalística.

Os Sete Espíritos Olímpicos

A única fonte sobre os Espíritos Olímpicos é o Arbatel de Magia datado de 1575, traduzido por Robert Turner ao inglês em 1655. Nenhum outro livro havia mencionado esses espíritos anteriormente. Eu também não conheço nenhum livro após essa data que acrescente algo diferente sobre eles. Como o nosso foco aqui será o de aprender a evocar os Espíritos Olímpicos e o fato de que o Arbatel continua sendo a nossa principal fonte de conhecimento sobre eles, eu vou citar aqui exatamente o que é dito sobre estes sete espíritos no livro mencionado. Isso nos dará, de fato, todas as informações necessárias que precisamos para chamar cada um deles.

"Eles são chamados Espíritos Olímpicos que habitam no firmamento e nas estrelas do firmamento; e o ofício destes espíritos é declarar destinos e administrar encantamentos fatais, tão longe como Deus os permitir, pois nada, nem espírito mau, nem mau destino poderá ferir quem tiver o Altíssimo como seu refúgio. Se então quaisquer dos Espíritos Olímpicos lhe declarar para que a estrela dele é designada, é preciso entender que mesmo assim ele não pode produzir nada, a menos que lhe seja permitido pelo poder divino. É Deus somente quem dá a eles poder para efetuar qualquer coisa. Ao Deus que fez tudo, todas as coisas celestiais, terrestres e infernais são obedientes. Resumindo: deixe Deus ser teu guia em todas as coisas que tu fizeres, e todas as coisas atingirão a um feliz e desejado fim; assim como a história do mundo inteiro testifica e serve de experiência diariamente. Há paz para os fiéis; não há nenhuma paz para os ímpios, disse Deus.

Há sete governantes diferentes dos Espíritos do Olimpo para quem Deus designou toda a estrutura e o universo deste mundo para ser governado, e as estrelas visíveis deles são Aratron, Bethor, Phaleg, Och, Hagith, Ophiel e Phul. Cada um destes tem sob seu comando uma milícia poderosa no firmamento.

Existem 186 Províncias Olímpicas no universo inteiro. Nas quais os sete governadores exercem seus poderes. Tudo isto está elegantemente explícito na astronomia, mas aqui será explicado de que maneira podemos contatar estes príncipes e poderes.

Aratron aparece na primeira hora de sábado e dá respostas verdadeiras referentes às suas províncias e as coisas relacionadas a ela. Tão igualmente os outros aparecem em ordem nos seus dias e horas. Também cada um deles governa durante 490 anos. O início do governo deles foi no ano 60 antes do nascimento de Cristo. Era o começo da administração de Bethor e durou até o ano 430 de nossa era. Seu sucessor foi Phaleg até o ano 920. Então foi a vez de Och e continuou até o ano 1410, seguido por Hagith que governa até o ano de 1900.

O governador Aratron tem em seu poder todas as coisas que ele faz naturalmente. Mas está sujeito astronomicamente ao poder de Saturno, pois estas coisas estão submetidas a este planeta.

Seus poderes envolvem:

1. Ele pode converter qualquer coisa em uma pedra rapidamente, seja animal ou planta, enquanto retendo o mesmo objeto à visão.

2. Ele converte tesouros em carvão e carvão em tesouro.

3. Ele dá espíritos familiares com um poder definido.

4. Ele ensina alquimia, magia e física.

5. Ele reconcilia os espíritos subterrâneos com os homens e faz os homens cabeludos.

6. Ele pode fazer alguém ser invisível.

7. O estéril ele transforma em frutífero e dá vida longa.

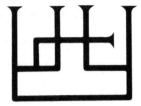

Figura 30. O selo de Aratron

Ele tem sob seu comando 49 reis, 42 príncipes, 35 presidentes, 28 duques, 21 minis-tros em pé diante dele, 14 familiares, sete mensageiros. Ele comanda 36000 legiões de espíritos.

Bethor governa as coisas que são designadas para Júpiter. Ele vem rapidamente quando é chamado. É preciso estar em posse de seu caractere para que ele obedeça e conceda grandes coisas, tais como tesouros. Ele reconcilia os espíritos aéreos para que eles deem respostas verdadeiras para suas perguntas, transportem pedras pre-ciosas e façam medicamentos que agem milagrosamente. Também dá espíritos fa-miliares no firmamento e prolonga a vida para 700 anos se Deus permitir.

Figura 31. O selo de Bethor

Ele tem sob seu comando 42 reis, 35 príncipes, 28 duques, 21 conselheiros, 14 minis-tros, sete mensageiros, 29000 legiões de espíritos.

Phaleg governa as coisas que são atribuídas a Marte, o Príncipe da Paz. Aquele que tem seu caractere, ele dará grandes honras em assuntos bélicos.

Figura 32. O selo de Phaleg

Och governa as coisas solares. Ele dá 600 anos com saúde perfeita, concede grande sabedoria, fornece os espíritos mais excelentes, ensina medicamentos perfeitos, converte todas as coisas no mais puro ouro e pedras preciosas, dá ouro e uma bolsa de ouro que nunca acaba. Aquele que trouxer consigo seu caractere, ele fará ser adorado como uma deidade pelos reis do mundo inteiro.

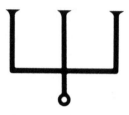

Figura 33. O selo de Och

Ele tem sob seu comando 36536 legiões. Ele administra todas as coisas sozinho e todos os seus espíritos o servem por séculos.

Hagith governa as coisas de Vênus. Aquele que trouxer seu caractere consigo, ele o fará muito justo e coberto de toda beleza. Ele transforma cobre em ouro rapidamente e ouro em cobre. Os espíritos que ele fornece servem fielmente a quem são designados.

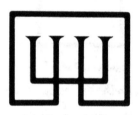

Figura 34. O selo de Hagith

Ele tem 4000 legiões de espíritos sob seu comando.

Ophiel é o governador das coisas atribuídas a Mercúrio. Seu caractere é esse.

Figura 35. O selo de Ophiel

Seus espíritos são 100000 legiões. Ele facilmente concede espíritos familiares, ensina todas as artes, e aquele que é digno com seu caractere, ele o faz capaz de converter mercúrio em pedra filosofal.

Phul transforma todos os metais em prata, palavras e ato. Ele governa as coisas lunares. Cura hidropisia, fornece espíritos da água que servem ao homem com uma forma corpórea e visível e faz o homem viver 300 anos."

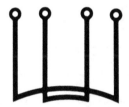

Figura 36. O selo de Phul

Arbatel de Magia

As explicações acima sobre os sete Espíritos Olímpicos (Aratron, Bethor, Phaleg, Och, Hagith, Ophiel, Phul) extraídas do Arbatel de Magia são suficientes para entendermos como esses espíritos são incrivelmente poderosos. Podemos ver isso pelo número de outros espíritos poderosos, como reis, que estão sob seus comandos. Na Goétia, por exemplo, temos reis que governam 50, 70 legiões de espíritos. Ophiel comanda sozinho 100000 legiões. Você deve respeitar todos os espíritos com quem você trabalha, mas quando se trabalha com estes, seja ainda mais respeitoso.

Evocando os Espíritos Olímpicos

Como você já sabe, todo procedimento de magia planetária deve seguir algumas regras, como a hora do planeta, cores e incensos. Para cores, verifique a Tabela 3. Para incensos, verifique a Tabela 8.

Tabela 9. Os Espíritos Olímpicos e seus planetas

Espírito	Planeta
Aratron	Saturno
Bethor	Júpiter
Phaleg	Marte
Och	Sol
Hagith	Vênus
Ophiel	Mercúrio
Phul	Lua

Para este ritual, vamos usar algo chamado Discos Planetários. Estes discos são feitos usando a cor do planeta e a cor ativadora (flashing color) correspondente. Este sistema foi desenvolvido pela Ordem Hermética da Golden Dawn.

Tabela 10. Cores ativadoras

Cor	Cor ativadora
Preto	Branco
Azul	Laranja
Vermelho	Verde
Amarelo	Violeta
Verde	Vermelho
Laranja	Azul

Violeta	Amarelo

Um disco planetário é um círculo de papel com 10 centímetros de diâmetro aproximadamente. A cor de fundo é a cor do planeta. No centro, o símbolo do planeta deve ser desenhado com a cor ativadora.

Coisas que você vai precisar

➤ Três velas na cor do planeta.

➤ Incenso de acordo com o planeta.

➤ Disco planetário.

➤ O selo do Espírito Olímpico.

➤ Acessórios para deixar o lugar com a cor do planeta o quanto possível.

Pré-ritual

I. Autopurificação

Fique 24 horas sem comer carne para purificar sua alma e tome um banho antes do ritual para limpar seu corpo.

II. Arranjos do templo

Use cortinas, tapetes, panos na cor do planeta pelo menos no altar. Luz colorida é a melhor opção aqui. Você pode fazer uma usando luz branca e celofane. Coloque celofane da cor adequada na frente de uma fonte de luz branca e o resultado será uma luz na cor desejada.

III. Preparando o altar

Cubra o altar com um pano na cor do planeta. Coloque o triângulo com uma vela em cada um de seus lados. Incenso deve ser colocado no lado direito e esquerdo do triângulo.

Coloque o disco planetário dentro do triângulo e sobre ele o selo do Espírito Olímpico. Nota: no Arbatel de Magia, a palavra "caractere" é usada para se referir aos selos.

O ritual

I. Realize o Ritual de Banimento do Pentagrama.

Nota: algumas fontes dizem que você deve realizar o Ritual Maior do Hexagrama para invocar a energia planetária. Eu não acho que isso é necessário, porque o ritual que eu descrevo aqui é para ser realizado na hora do planeta. O RMH foi criado pela Golden Dawn em 1888 e magia planetária é muito mais antiga do que isso.

II. Acenda as velas e incenso.

III. Trace um círculo.

IV. Junte as mãos e diga:

> *Em nome de [insira o nome de Deus da esfera], declaro este templo aberto e pronto para receber a energia de [inserir o planeta].*

V. Comece a evocação:

> *Ó Grande [insira o nome do espírito], Espírito Olímpico de [insira o nome do planeta], governando sob o nome de [insira o nome de Deus da esfera] e em nome desse mesmo Deus, eu te invoco. Compareça diante de mim agora e responda todas as minhas perguntas. Venha sem demora, pacificamente e visivelmente. Falo em nome de quem criou todas as coisas e para quem tu és obediente. Venha [insira o nome do espírito], eu te invoco.*

Repita esta conjuração sete vezes e espere pelo espírito. Se ele não aparecer, repita mais sete vezes. Lembre-se que você tem menos de uma hora para terminar o ritual.

Se o espírito não puder vir, pode ser que ele envie um dos milhares de espíritos sob seu comando em seu lugar. Não há nenhum problema nisso. O espírito vai entregar todos os seus pedidos ao mestre dele. Para ter certeza sobre qual espírito está presente, você deve pedir uma confirmação através do incenso ou chama da vela, tão logo você note a presença de alguém.

VI. Depois de terminado, agradeça ao espírito:

Ó Grande Espírito Olímpico [insira o nome do espírito], agradeço-te por tua presença. Espero que tu possas cumprir tudo o que pedi de ti. Vá em paz e retorne para de onde veio.

OU

Dou graças a ti, espírito sob o comando de [insira o nome do Espírito Olímpico] por tua presença. Vá agora e entregue a minha mensagem ao seu mestre.

VII. Feche o templo:

Eu agora declaro este templo de [insira o nome do planeta] fechado.

VIII. Faça a Cruz Cabalística.

Criando Selos Planetários

Selos planetários são selos criados com a ajuda dos chamados Quadrados Mágicos ou Kameas para representar algo que você deseja que aconteça em sua vida. Em outras palavras, você utiliza a energia de um planeta e os espíritos que o governam para materializar seu desejo sem que você tenha que realizar uma evocação.

Os Quadrados Mágicos planetários ou Kameas são números dispostos em um determinado formato representando as forças dominantes de um planeta, incluindo o próprio planeta. A soma de cada linha irá resultar em um número chamado constante mágica. Vamos dar uma olhada no quadrado de Saturno.

Tabela 11. O quadrado de Saturno

4	9	2
3	5	7
8	1	6

Pode-se somar os números em qualquer direção e o resultado será 15 em todas elas. Exemplos: 4 + 9 + 2 = 15; 2 + 5 + 8 = 15.

Escolhendo o Planeta Correto

A primeira e mais importante coisa a se fazer é escolher a energia certa para trabalhar. Se você quer dinheiro, você não irá trabalhar com Vênus, porque este planeta não tem nada a ver com dinheiro. Escolher a energia errada pode causar efeitos adversos. Você pode verificar as características de cada planeta no início deste capítulo.

Desenhando os Quadrados Mágicos

Mais uma vez eu recomendo que você faça todos os procedimentos na hora do planeta. Os quadrados devem ser desenhados em uma folha de papel em branco depois de exorcizá-la.

Criatura do papel, eu te exorcizo e te consagro. Agora tu estás purificada e pronta para ser usada em meus trabalhos mágicos.

Tabela 12. O quadrado de Júpiter

4	14	15	1
9	7	6	12
5	11	10	8
16	2	3	13

Tabela 13. O quadrado de Marte

11	24	7	20	3
4	12	25	8	16
17	5	13	21	9
10	18	1	14	22
23	6	19	2	15

Tabela 14. O quadrado do Sol

6	32	3	34	35	1
7	11	27	28	8	30
19	14	16	15	23	24
18	20	22	21	17	13
25	29	10	9	26	12
36	5	33	4	2	31

Tabela 15. O quadrado de Vênus

22	47	16	41	10	35	4
5	23	48	17	42	11	29
30	6	24	49	18	36	12
13	31	7	25	43	19	37
38	14	32	1	26	44	20
21	39	8	33	2	27	45
46	15	40	9	34	3	28

Tabela 16. O quadrado de Mercúrio

8	58	59	5	4	62	63	1
49	15	14	52	53	11	10	56
41	23	22	44	45	19	18	48
32	34	35	29	28	38	39	25
40	26	27	37	36	30	31	33
17	47	46	20	21	43	42	24
9	55	54	12	13	51	50	16
64	2	3	61	60	6	7	57

Tabela 17. O quadrado da Lua

37	78	29	70	21	62	13	54	5
6	38	79	30	71	22	63	14	46
47	7	39	80	31	72	23	55	15
16	48	8	40	81	32	64	24	56
57	17	49	9	41	73	33	65	25
26	58	18	50	1	42	74	34	66
67	27	59	10	51	2	43	75	35
36	68	19	60	11	52	3	44	76
77	28	69	20	61	12	53	4	45

Formulando a Afirmação de Intenção

Esta parte é crucial e você deve ter cuidado aqui. Não use palavras, como "eu quero"; em vez disso, você deve dizer "eu vou, é meu desejo, esta é a minha vontade, eu sou", etc. Eu prefiro "eu vou". Exemplo: Eu vou ganhar cinquenta mil dólares por mês. Você tem que ter certeza sobre o que você realmente quer. Não há espaço para dúvidas aqui e você nunca deve usar palavras negativas, porque seu subconsciente tem um papel importante e ele tende a ignorar todas as palavras negativas. Em vez de dizer "eu não quero mais ser doente", você diz "eu vou ser curado". Do contrário, seu subconsciente entenderia "eu quero ser doente".

Removendo Vogais e Letras Repetidas

Para tornar o processo mais fácil, você deve remover todas as vogais e letras repetidas da sua frase de afirmação de intenção. Você não precisa se preocupar, porque a sua intenção já foi criada e o universo sabe o que esta sequência de letras significa.

Exemplo: "eu vou ganhar cinquenta mil dólares por mês" se tornará VGNHRCQTMLDSP.

Convertendo as Letras em Números

Este processo é chamado Gematria. Existem muitos métodos que podem ser encontrados na internet, como Hebraico, Latim, Crowley, Golden Dawn Hebraico, etc., mas só vamos precisar da Gematria de Agrippa que é o método mais preciso que temos disponível.

Tabela 18. A Gematria de Agrippa

A	B	C	D	E	F	G	H	I
1	2	3	4	5	6	7	8	9
K	L	M	N	O	P	Q	R	S
10	20	30	40	50	60	70	80	90
T	U	X	Y	Z	J	V	Hi	W
100	200	300	400	500	600	700	800	900

Note-se que Hi é uma letra obsoleta.

Reduzindo os Números

Os quadrados têm uma quantidade limitada de números. Se você tem VZS em sua declaração de intenção que corresponde a 700-500-90 de acordo com o sistema de Agrippa e você estiver usando o quadrado do Sol por exemplo, você tem que cortar zeros até que eles se encaixem. 700-500-90 se tornaria 7-5-9.

Como podemos saber qual o último número de cada quadrado planetário? Basta multiplicar as linhas horizontais pelas verticais. Exemplo: Sol = 6x6 = 36. Assim, com o Sol você só pode usar números até 36.

Criação do Selo

Agora você só precisa ligar os números no quadrado adequado respeitando a ordem da sequência. Se o primeiro número é 5, então você deve começar por 5. Faça um círculo no primeiro número indicando o ponto de partida e uma linha no último indicando o fim do desenho. Se a sua sequência tem números repetidos consecutivamente, desenhe uma espécie de gancho indicando que a linha está passando duas vezes através desse número.

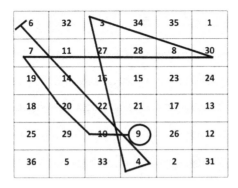

Figura 37. Desenhando um selo planetário

Numa folha de papel em branco, desenhe dois triângulos um dentro do outro e desenhe o selo no interior do triângulo menor, como mostrado na figura a seguir.

Figura 38. Finalizando um selo planetário

A borda dos triângulos e o selo devem ser feitos na cor do planeta. Na parte externa esquerda do triângulo menor, escreva o nome de Deus da esfera e à direita o nome do arcanjo da esfera. Na parte inferior do triângulo menor, escreva o nome do arcanjo do planeta; no lado esquerdo, escreva o nome da inteligência e à direita o nome do espírito do planeta.

Consagrando o Selo

Este é um passo muito importante que não pode ser evitado. Você deve consagrá-lo na hora do planeta, mas isso não precisa acontecer na mesma hora que ele foi desenhado, porque eu duvido que você teria tempo para isso. Por exemplo, você pode fazê-lo na parte da manhã e consagrá-lo à noite.

Coisas que você vai precisar

> ➢ Uma vela branca.

> ➢ Incenso (de qualquer tipo).

> ➢ Um recipiente com água.

> ➢ Sal, terra ou areia.

Arranjos do templo

I. Prepare um altar no centro da área que você está trabalhando. É um altar simples. Você pode usar uma caixa, uma mini mesa ou qualquer coisa onde se possa colocar os itens sobre ela. Deve haver espaço para que você possa andar em torno do altar.

II. Coloque o incenso no chão ao leste, a vela no sul, o recipiente com água no oeste e o sal (solo ou areia) no norte.

O ritual

I. Coloque o selo no altar.

II. Realize o Ritual de Banimento do Pentagrama.

III. Faça a invocação dos quatro elementos (ver Apêndice).

IV. Vá para o leste, virado para o leste e diga:

A intenção deste trabalho é consagrar um selo de [insira o nome do planeta] para [dizer a intenção do selo]. Assim seja.

V. Vá para o oeste do altar e vire-se para o leste. Aponte sua varinha para o selo. Se você não tem uma varinha, use o dedo indicador direito. Diga:

Ó Tu que és [insira o nome de Deus da esfera], Deus Todo-Poderoso de [insira o nome da esfera], abençoe este selo e permita que o que ele representa se manifeste na minha vida.

Ó Tu que és [insira o nome do arcanjo da esfera], arcanjo Forte e Poderoso de [insira o nome da esfera], abençoe este selo e faça com o que ele representa se manifeste na minha vida.

Ó Tu que és [insira o nome do arcanjo do planeta], arcanjo Forte e Poderoso de [insira o nome do planeta], abençoe este selo e faça com o que ele representa se manifeste na minha vida.

Ó Tu que és [insira o nome da inteligência do planeta], inteligência Forte e Poderosa de [insira o nome do planeta], abençoe este selo e faça com o que ele representa se manifeste na minha vida.

Ó Tu que és [insira o nome do espírito do planeta], espírito Forte e Poderoso de [insira o nome do planeta], abençoe este selo e faça com o que ele representa se manifeste na minha vida.

Em nome de [insira o nome de Deus da esfera], por meio do trabalho daqueles que governam o planeta [insira o nome do planeta], cujos nomes estão escritos sobre este selo, [diga o que você quer que aconteça, a intenção]. Assim seja. Amém.

Observe que com Deus usamos o verbo permitir em vez de fazer. Isto acontece, porque uma vez que temos a permissão de um dos nomes divinos, tudo se torna mais fácil.

VI. Leve o selo para o leste, acenda o incenso e diga:

Que os poderes do ar consagrem este selo.

Passe o selo através da fumaça do incenso.

Faça o mesmo com o fogo (sul), água (oeste) e terra (norte). Você não precisa e não deve deixar que o selo toque a chama. Além disso, coloque apenas uma pequena gota de água através do seu dedo no canto do selo.

VII. Volte para o leste, levante as mãos e diga:

Dou graças a Ti, Ó Senhor do Universo, por permitir esse trabalho acontecer neste dia.

VIII. Desenhe o Pentagrama de Banimento do Ar no leste, do Fogo no sul, da Água no oeste e da Terra no norte (ver Apêndice).

IX. Faça a Cruz Cabalística para terminar o ritual.

CAPÍTULO 10

AUTOPROTEÇÃO

Não importa se você ocasionalmente lança um feitiço ou se é um bruxo ou mago ativo, você precisa se proteger de alguma maneira. As ameaças podem vir de qualquer lugar, incluindo alguém próximo a você ou entidades com quem você trabalha. Geralmente se seguir as regras básicas para trabalhar com os espíritos que neste livro foram apresentadas, eles não vão lhe causar nenhum dano e o pior que pode acontecer é eles se recusarem a trabalhar com você. Quando se trata de pessoas, você não pode controlar suas ações; não é possível impedir que alguém o amaldiçoe ou lhe envie um feitiço de magia negra. Mas o que você pode e deve fazer é preparar a sua aura para ser capaz de bloquear estas energias indesejadas. Quando estamos preparados para alguma coisa, não somos pegos de surpresa.

Neste capítulo, vamos aprender as melhores técnicas de proteção contra os perigos do mundo oculto. Se você seguir as dicas dadas aqui, pode ter certeza que nada de ruim enviado através do mundo espiritual vai chegar até você.

Equilibrando Sua Energia

Você já se viu em uma situação em que estava em desequilíbrio? Por exemplo, você pode estar desequilibrado em um ônibus caso você não esteja segurando as barras de suporte ou quando você está bêbado e não consegue andar corretamente. Estes são exemplos físicos, mas o princípio é o mesmo com a nossa aura. Quando seu campo de energia está operando em uma única direção, recebendo ou perdendo, ele está desequilibrado. O mesmo acontece quando seu campo de energia está fraco, uma vez que ele não está recebendo a quantidade de energia necessária para manter as coisas funcionando bem na sua vida. Estas mudanças são tão significativas que um médium ou alguém com a sensibilidade bastante aflorada pode notar que há algo errado com sua aura apenas por olhar para você.

As consequências de uma energia desequilibrada são muitas e sua vida pode se transformar em uma confusão completa. Você pode tornar-se doente, perder o seu emprego, ter um momento difícil em seu relacionamento, entrar em depressão, etc. A maioria das pessoas não percebem que pode haver algo de errado com elas, porque elas estão acostumadas a essa situação, uma vez que este processo de enfraquecimento da aura tende a ser lento e ocorre gradualmente. Então, muitos encaram isso apenas como uma má fase em vez de identificar e reparar a fonte do problema.

Banimento e Invocação

Em muitos feitiços neste livro, você é instruído a realizar o Ritual de Banimento do Pentagrama antes e/ou depois de algum procedimento. Quando usado antes de cerimônias mágicas é útil para sintonizar o mago com as forças superiores do universo, trazendo a Árvore da Vida para dentro da aura. Crowley, em um de seus livros, fez algumas citações sobre este ritual. A seguir, ele explica exatamente como isso funciona:

"O uso habitual do Ritual Menor de Banimento do Pentagrama (digamos, três vezes por dia) durante meses e anos e assunção constante da Forma-Deus de Harpócrates (Ver Equinox, I, II e Liber 333, cap. XXV para ambos) deve fazer o "círculo real", ou seja, a aura do mago, impenetrável.

Esta aura deve ser resistente, radiante, iridescente, brilhante, reluzente. "Uma bolha de sabão de aço de barbear, fluindo com luz de dentro" é minha primeira tentativa de descrição; e não é ruim, apesar de suas incongruências."

O RBP também pode limpar seu ambiente energético de energias caóticas. O problema começa quando você o utiliza diariamente sem qualquer tipo de invocação. Você está de fato banindo as coisas de sua vida e não recebendo nada no lugar. Então para evitar isso, você primeiro precisa fazer uma invocação e banir doze ou mais horas mais tarde, ou banir primeiro e invocar imediatamente.

Prática sugerida

Na parte da manhã: invocar os quatro elementos. Instruções sobre como fazer isso podem ser encontradas no Apêndice.
À noite: banir os quatro elementos (ver Apêndice).

Executar este exercício três vezes por semana se tudo está em ordem na sua vida e você apenas quer manter tudo dessa maneira, ou diariamente, se a sua vida está atualmente em uma zona negativa e nada está funcionando como deveria.

Construção de um Escudo em Torno da Aura

Ao trabalhar com magia, uma das primeiras coisas que você aprende é a necessidade de desenvolver uma técnica de visualização forte e eficiente. Uma variedade de exercícios e rituais exigem que o mago realmente veja o que ele está fazendo. Quando você desenha um pentagrama no ar, você deve claramente vê-lo ali; mesmo se você se virar de costas, você sabe que há um pentagrama bem atrás de você. Isso é necessário, porque nossa mente tem o poder de manifestar coisas no mundo físico e astral. É claro que é muito mais complicado fazer isso no plano físico, pois estamos sob as leis da física, mas no nível astral é muito mais fácil, pois lá não há limitações. Neste exercício, vamos usar a nossa mente para criar um escudo em torno de nossa aura, trabalhando com algumas cores principais.

Cartões coloridos

Prepare alguns cartões de papel em cor dourado, vermelho escuro e violeta. Alternativamente, você pode usar imagens no seu smartphone, tablet ou computador em vez de papel.

Dourado: esta cor vai atrair a proteção divina para você.

Vermelho escuro: você será uma pessoa mais forte sempre pronta para enfrentar qualquer situação difícil.

Violeta: esta cor deve ser visualizada em chamas. Ela vai limpar a sua aura de toda a negatividade em todos os níveis existentes.

Passo a passo

I. Use cada cor em um dia diferente. Minha ordem sugerida é violeta, ouro e vermelho escuro.

II. Escolha um lugar calmo onde você possa relaxar profundamente. Sente-se em uma posição confortável.

III. Segure na frente de seus olhos a cor alvo. Olhe para ela por cinco minutos. Em seguida, coloque o cartão de papel ou dispositivo de lado, relaxe o corpo e feche os olhos.

IV. Visualize-se no centro de um lugar vazio. Este lugar está pintado na cor que você está trabalhando. A cor na forma de luz abstrata começa a surgir de todas as direções e vêm diretamente para o seu corpo. Esta luz colorida está agora em torno de todo o seu corpo.

V. Imagine como se estivesse carregando suas baterias com esta luz. Sinta a energia fluindo através de você.

VI. Continue fazendo este exercício por dez minutos. Depois, abra os olhos e o exercício está completo.

Não se esqueça que quando se trabalha com a cor violeta você deve visualizá-la como chamas e não como luz.

Amuletos

Amuletos são objetos de proteção com nomes e símbolos gravados nele, representando as forças em que este objeto está conectado para oferecer proteção para aqueles que o usam. Um dos mais famosos amuletos são os selos de Salomão, também chamados de pantáculos. Eu às vezes utilizo o Quarto Pantáculo da Lua para me proteger contra feitiçarias malignas.

Eu restaurei todos os três amuletos apresentados aqui para lhe proporcionar uma melhor qualidade, porque os manuscritos onde eles se encontram tem mais de 500 anos de idade.

Instruções para Todos os Amuletos Planetários

I. Desenho, cópia e consagração devem ser feitos na hora do planeta.

II. Idealmente, você deveria desenhar o amuleto em uma folha de papel em branco usando a cor do planeta, mas você pode copiá-lo usando uma máquina de xerox também.

III. Todos os amuletos devem ser consagrados aos quatro elementos antes que você possa usá-los.

O Terceiro Pantáculo de Júpiter

Este vai defender e protegê-lo contra todos os tipos de espíritos, especialmente os que você evocar.

Figura 39. O Terceiro Pantáculo de Júpiter

O Sexto Pantáculo de Júpiter

Este protege contra todos os perigos terrestres.

Figura 40. O Sexto Pantáculo de Júpiter

O Quarto Pantáculo da Lua

Este protege contra todas as feitiçarias do mal e de todas as lesões da alma ou corpo.

Figura 41. O Quarto Pantáculo da Lua

Ativando os Pantáculos de Salomão

Todos os três pantáculos apresentados neste capítulo precisam ser ativados todas às vezes em que forem utilizados. A ativação é feita segurando o pantáculo na mão enquanto se faz a leitura do verso bíblico correspondente.

Terceiro Pantáculo de Júpiter: Salmo 125:1.

Sexto Pantáculo de Júpiter: Salmo 22:16-17.

Quarto Pantáculo da Lua: Jeremias 17:18.

CAPÍTULO 11

CRIANDO SEUS PRÓPRIOS RITUAIS E FEITIÇOS

Todo o conteúdo deste livro até este presente capítulo serviu não apenas para eventualmente você aplicá-lo em sua vida, mas também como uma forma de aprendizado das artes mágicas. Se você fez a leitura cuidadosa de todos os tópicos anteriores, você já tem a completa noção de como é o funcionamento de um feitiço e como proceder na execução deles. Meu objetivo com este trabalho não é de só lhe fornecer a receita do bolo; eu desejo que você seja capaz de criar as suas próprias receitas, pois qualquer bruxo está apto a reproduzir os passos descritos em um livro de magia, mas os melhores vão além e criam os seus próprios passos.

A construção de um feitiço se resume em três partes que são: objetivo, energia e estrutura. O primeiro passo é decidir para qual finalidade estamos criando um feitiço, podendo ser qualquer coisa desde que possível de se tornar realidade. Por exemplo, não adianta você tentar usar magia para criar asas e sair voando por aí, porque isso jamais se manifestará no plano físico.

O segundo passo é a definição de qual será a fonte de energia usada para viabilizar o feitiço. Essa energia pode vir do próprio mago/bruxo através do sêmen ou sangue, pode-se recorrer a entidades superiores e até mesmo as inferiores, além do uso da força da natureza e universo como um todo. O mais prático e mais comum é que se trabalhe com algum espírito que tenha as habilidades necessárias. O último passo é a montagem do ritual que vai envolver o arranjo do templo, os itens adequados, como velas e incensos, além de outros rituais que são utilizados para potencializar o trabalho.

Vamos ver agora um passo a passo detalhado do processo introduzido acima.

Passo a Passo

Objetivo

Amor, dinheiro, beleza, saúde, sexo, manipulação, sorte, sucesso profissional, ajuda com os estudos, afastar um inimigo, limpeza espiritual, quebra de magia negra, divinação, sonhos, viagem astral, etc. As opções são muitas e não se restringem a essas listadas aqui.

Energia

Aqui vale uma análise do que se deseja manifestar, da complexidade e das opções disponíveis. Darei algumas dicas baseadas em minhas próprias experiências, mas você não precisa se prender somente a elas. Você pode e deve tentar outras alternativas se assim desejar.

Para objetivos difíceis

Se o que você espera alcançar é algo complexo que encontrará muitas barreiras para se tornar uma realidade, por exemplo, fazer alguém que não te ama passar a te amar, busque sempre a ajuda de uma entidade superior. Por entidade superior, entende-se um espírito mais evoluído, não necessariamente um espírito "bom". Existem demônios que são superiores dado ao seu nível de importância no plano astral, exemplos: Asmoday, Azazel, Aim.

Nessa categoria de entidade superior, incluímos ainda os deuses (gregos, nórdicos, egípcios, etc.), arcanjos e anjos planetários e os Espíritos Olímpicos.

Para objetivos menos complexos

Para problemas que teoricamente possam ser resolvidos mais facilmente, as entidades superiores também podem ser utilizadas, inclusive eu só recorro a elas independentemente da situação. Porém, espíritos menores podem dar conta do recado, tais como os elementares do ar, fogo, água e terra, espíritos familiares, anjos e demônios de menor importância.

Ao se trabalhar com espíritos inferiores, tenha a certeza de passar todas as instruções necessárias, porque eles não têm muita capacidade de interpretar o que se pede deles. O que você pedir é o que eles vão fazer.

Sua própria energia através do sangue e sêmen também pode ser utilizada. Porém, eu recomendo que você a utilize somente como forma de ajudar a entidade com quem você esteja trabalhando, dando a ela mais força para executar sua tarefa. Alguns espíritos, inclusive, pedem que durante o ritual uma gota de sangue seja derramada. Quando isso acontece, o objetivo deles não é o de te prejudicar, mas tão somente melhorar a eficiência do trabalho.

As habilidades dos espíritos

Todos os espíritos possuem uma área específica onde eles podem atuar. A maioria não irá aceitar colaborar com aquilo que não seja da natureza dele. Deuses e reis são espíritos que podem fazer de tudo, mas até eles possuem alguma especialidade na qual preferem trabalhar. Para feitiços de amor, por exemplo, procure Afrodite, Freya, Isis, Frigga, Lilith e outros com essa característica. Dinheiro e prosperidade: Bethor, Seere, Bune, Fulla, Demeter, etc.

Estrutura

I. Pesquise tudo sobre a entidade que você escolheu e descubra todos os detalhes de velas, incenso, planeta, se tem algum dia ou hora mais adequada para chamá-la, etc.

II. Crie uma abertura para o ritual que envolva a preparação do templo, altar, consagração de objetos, banimento, meditação, etc.

III. Escreva pelo menos duas conjurações: uma de invocação ao espírito e outra que dará as instruções do que está sendo solicitado.

IV. Faça uma lista de possíveis oferendas que pode englobar comida, objetos, agradecimento em público, etc. Eu sempre recomendo ofertar ao espírito a divulgação do nome dele em forma de agradecimento em posts na internet, cartazes, etc., porque isso é mais útil a ele do que coisas físicas. Porém, vale ressaltar que independentemente do que seja ofertado, o espírito sempre pode recusar a oferta e solicitar algo a mais ou diferente.

V. Crie a parte final do ritual, como agradecimento, instruções do que fazer com a oferenda, banimento, etc.

Exemplo de estrutura básica de um feitiço

I. Purificação do corpo e alma através de jejum de carne e sexo, banho, roupas limpas (de preferência brancas), etc.

II. Preparação do templo: limpeza física e espiritual (banimento), montagem do altar com velas e incensos, consagração de objetos.

III. Declarar aberto o templo, acender velas e incenso, traçar um círculo mágico.

IV. Conjuração preliminar ao espírito.

V. Apresentação das oferendas e instruções.

VI. Agradecimentos finais e banimento.

CAPÍTULO 12

PERGUNTAS COMUNS E SOLUÇÕES

Por que meu feitiço não funcionou?

Bem, pode ser por muitas razões. Você pode não ter o lançado de maneira correta ou talvez não tenha fornecido a quantidade suficiente de energia para que ele funcione. Você também deve considerar que algo em sua vida está bloqueando suas ações, incluindo problemas de vidas passadas. Tente usar a Chama Violeta em sua aura para se livrar de todo o carma que você possa ter adquirido nesta vida e nas anteriores.

Quanto tempo leva para um feitiço começar a agir?

Imediatamente após ter sido lançado, mas há uma diferença entre quando um feitiço começa a trabalhar e quando você vê os efeitos. Dependendo do problema que você está tentando resolver, pode demorar um mês ou mais para que qualquer diferença seja notada.

Depois de evocar um espírito, eu sinto que minha vida está ficando pior. Como posso consertar isso?

Se você pedir a um espírito ajuda de forma geral, como "eu quero ser feliz", isso irá bagunçar a sua vida. Isso acontece, porque o que você acha que é o melhor para você é diferente do que uma entidade pensa que é. Então, sempre peça coisas específicas. Para se livrar da influência dos espíritos, use um dos rituais de banimento deste livro, especialmente o Ritual de Banimento do Pentagrama e queime os selos de todos os espíritos que você tenha mantido contato ultimamente.

Vou receber as consequências de um feitiço de magia negra ainda nesta vida?

Quem sabe? É completamente possível. Se você está preocupado com isso, não pratique magia negra, ou pelo menos, não tente fazer algo que seja realmente ruim para alguém.

Os espíritos podem me machucar fisicamente?

Em tese é possível, porém, os que estão descritos neste livro certamente não irão. Na verdade, isso não é comum de forma alguma. Você pode notar diferenças negativas em sua vida como já foi explicado, mas isso é o máximo que pode acontecer.

Alguns rituais neste livro utilizam nomes de Deus, eu realmente preciso deles?

Esses nomes são a manifestação das maiores forças do universo. Se temos espíritos que vão desde almas humanas até reis poderosos, uma força superior está acima de todos eles. Esta é a lógica. Muitos desses espíritos são obedientes a esses nomes, então sim, você precisa usá-los.

O que posso fazer se um espírito se recusar a me ajudar?

O espírito te disse isso claramente? Se sim, você deve abandoná-lo e seguir em frente. Mas se você acha que um espírito não te ajudou porque seu feitiço não funcionou, você tem que considerar que ele talvez não possa fazer nada por você. Neste caso, tente um espírito diferente.

Eu fiz uma evocação, mas não escutei, senti ou vi nada. Será que o espírito me escutou?

O fato de não ter acontecido nada não significa que o espírito não estava prestando atenção em você. Você simplesmente não está pronto ou tem pouca ou nenhuma sensibilidade. Isso é muito comum e você não está sozinho. No Apêndice, eu detalho duas formas de desenvolver sua capacidade sensível existente ou tentar adquirir um pequeno nível de sensibilidade.

Posso substituir as velas e incensos sugeridos pelos que eu tenho em minha casa?

Se você quiser usar velas brancas, está tudo certo. A cor branca é neutra e pode ser usada com qualquer espírito. O que você não deve fazer é substituir uma vela vermelha por uma amarela, por exemplo. Em relação aos incensos, se você não pode usar os corretos, é melhor não usar nenhum. A exceção é quando você está tentando evocar uma entidade que você ainda não tem muitas informações. Neste caso, você pode usar qualquer incenso, mas eventualmente, o espírito vai dizer se ele gosta ou não.

APÊNDICE

Invocar e Banir os Quatro Elementos

A Cruz Cabalística

Todas as esferas de luz neste ritual são formadas a partir da mesma fonte de luz. Outras versões nos pedem para imaginar essas esferas sem mencionar de onde vem a energia. Considero isso um erro e foi por isso que criei uma versão modificada da Cruz Cabalística.

I. Vá para o leste e fique de frente para o leste. Se posicione de pé com os pés juntos e braços junto ao corpo. Imagine que uma esfera de luz branca e brilhante está descendo bem longe acima de sua cabeça. Essa esfera tem cerca de 25 cm de diâmetro e agora está logo acima da sua cabeça.

II. Com um punhal, varinha ou o dedo indicador direito, toque a luz e traga uma fração dela para a sua testa. Essa esfera menor tem metade do tamanho da esfera acima da sua cabeça. Toque na testa e vibre ATAH.

III. Toque a luz novamente, mas desta vez aponte para os pés e imagine a esfera de luz descendo ao chão. Vibre MALKUTH.

IV. Agora traga outra esfera de luz para o ombro direito. Toque no ombro e vibre VE-GEBURAH.

V. Traga outra esfera para o ombro esquerdo. Toque no ombro e vibre VE-GEDULAH.

VI. Junte as mãos na frente do seu peito e vibre LE-OLAHM. Agora imagine claramente as quatro esferas de luz formando uma cruz e esta cruz entrando em seu corpo, enchendo-o de pura luz.

VII. Ainda com as mãos juntas vibre AMÉM.

Desenhando os Pentagramas

Aqui você deve escolher se deseja banir ou invocar os quatro elementos. A única diferença está nos pentagramas desenhados nesta etapa. A imagem seguinte lhe fornece tanto a versão de banimento quanto invocação.

Figura 42. Pentagramas de invocação e banimento

I. No leste, virado para o leste, desenhe no ar a versão apropriada do Pentagrama do Ar e traga a ponta do seu dedo para o centro do pentagrama. Vibre o nome YHVH.

II. Sem mover o dedo em qualquer outra direção, comece a traçar um círculo enquanto você se move para o sul. No sul, trace a versão apropriada do Pentagrama do Fogo. Traga o seu dedo para o centro e vibre ADNI.

III. Continue o semicírculo para o oeste e trace o Pentagrama da Água trazendo o dedo para o centro. Vibre AHIH.

IV. Repita o mesmo processo para o norte com o Pentagrama da Terra. Vibre o nome AGLA ATAH GIBOR LE-OLAHM.

V. Agora, complete o círculo trazendo o dedo para o centro do pentagrama que você desenhou no leste.

VI. No leste, fique em posição de cruz (pés juntos e braços estendidos) e diga:

Na minha frente, o grande Arcanjo Rafael (vibre).

Atrás de mim, o grande Arcanjo Gabriel (vibre).

Na minha direita, o grande Arcanjo Miguel (vibre).

Na minha esquerda, o grande Arcanjo Auriel (vibre).

VII. Agora diga:

Ao meu redor flamejam os pentagramas.

Imagine que o círculo e os pentagramas estão em chamas de cor branca.

E na coluna do meio brilha a estrela de seis pontas.

Imagine dois hexagramas brilhantes, um embaixo e um acima de você, formando uma grade de luz em torno do seu corpo.

VIII. Repita a Cruz Cabalística e o ritual está completo.

Desenvolvendo Sua Sensibilidade

Estas técnicas vão funcionar melhor se você já tem as habilidades necessárias, mas elas não estão totalmente desenvolvidas. Do contrário, você pode conseguir algum nível de sensibilidade, mas você vai ter que trabalhar mais duro de forma diária.

Exercício 1

I. Acesse a internet e baixe qualquer música de meditação Xamânica. Transfira para seu smartphone ou qualquer outro dispositivo onde você pode conectar fones de ouvido.

II. Pegue três moedas iguais e as marque com qualquer caneta hidrográfica para diferenciá-las. Por exemplo, escreva A, B, C. Você também pode usar cartas de jogo de naipes diferentes, cartões de crédito, etc. O objetivo aqui é usar objetos com as mesmas dimensões, mas com algo diferente em cada um deles.

III. Vá para um lugar tranquilo e coloque três almofadas na frente de onde você vai se sentar.

IV. Pegue os três objetos em sua mão, feche os olhos e os misture. Ainda com os olhos fechados, coloque cada objeto debaixo de uma almofada diferente.

V. Sente-se em uma posição confortável, coloque os fones de ouvido e toque música Xamânica.

VI. Feche os olhos e relaxe. Pense em um dos objetos na frente de você. Vá através da sua mente em cada uma das almofadas e tente localizá-lo. Não tenha pressa.

VII. Quando estiver pronto, abra os olhos e verifique se você está certo.

Pratique este exercício diariamente até que acerte onde os três objetos estão. Então, você pode começar a trabalhar com mais objetos até que esteja pronto para localizá-los sem a ajuda de música Xamânica.

Exercício 2

Este exercício é chamado de Ritual do Pilar do Meio e ajuda a construir a Árvore da Vida dentro da aura.

I. Faça a Cruz Cabalística.

II. Fique de frente para o oeste, pés juntos, braços junto ao corpo e as palmas da mão voltadas para frente. À sua direita está o Pilar Negro da Severidade. À sua esquerda está o Pilar Branco da Misericórdia. Você está no meio representando o Pilar do Equilíbrio.

III. Uma luz branca incrivelmente brilhante, a Luz do Eu-Infinito, se origina muito acima da sua cabeça.

IV. A luz desce para o topo da sua testa (Kether) formando uma esfera do tamanho da sua cabeça. Vibre fortemente o nome: AHIH (pronuncia-se "é-rrê-ié").

V. Agora, imagine um raio de luz descendo da sua testa até a região da garganta (Daath) e formando outra esfera de luz. Vibre fortemente o nome: YHVH ALHIM ("y-rrô-vá ê-lô-rrim").

VI. Agora, um raio de luz desce da sua garganta até o peito (Tiphareth), formando uma nova esfera de luz. Vibre fortemente o nome: YHVH ALOAH ve-DAATH ("y-rrô-vá ê-lô-á vê da-at").

VII. Visualize um raio de luz descendo do seu peito até a região genital (Yesod) e formando uma esfera de luz. Vibre fortemente o nome: SHADDAI AL CHAI ("sha-dai el rai").

VIII. Finalmente, um raio de luz desce da região genital até os pés (Malkuth), formando uma nova esfera de luz que toca o chão. Vibre fortemente o nome: ADNI HARTZ ("a-do-nai ra-rets").

IX. Agora, visualize a esfera que está nos seus pés subindo e absorvendo a luz e a energia de todas as outras esferas até alcançar sua cabeça. Agora apenas uma esfera existe. Imagine-a circulando pelo seu corpo da esquerda para a direita. Continue fazendo isso por três minutos, pelo menos.

WICCA
GUIA RÁPIDO
PARA PRATICANTES

UM GUIA COM INFORMAÇÕES
ESSENCIAIS PARA QUALQUER
RITUAL E FEITIÇO

JASMINE COOKE

CONTEÚDO

INTRODUÇÃO

Sempre quando precisamos criar um novo ritual ou feitiço, nos deparamos com algumas dúvidas, como qual o incenso adequado, a cor da vela, quais ervas possuem os efeitos desejados, etc. Pensando nisso, preparei este guia que tem como objetivo eliminar todas essas dúvidas de forma rápida e prática.

Wicca - Guia Rápido para Praticantes está dividido em áreas, como amizade, amor, casamento, etc. Cada uma dessas áreas apresenta as seguintes informações relevantes: os espíritos que podem nos ajudar, astrologia, itens para rituais e feitiços, mantra e cartas de Tarot. Todas essas informações podem ser utilizadas em trabalhos mágicos. Ainda forneço uma sugestão sobre como você deve proceder para alcançar o resultado desejado. Por fim, no Apêndice, você encontra dois feitiços exclusivos de dinheiro e amor, preparados especialmente para você.

Espero que você praticante de Wicca encontre neste livro as respostas necessárias para iniciar ou dar continuidade a sua magia de forma prática, mas também eficiente.

AMIZADE

Espíritos Que Podem Ajudar

Espírito	Título	Incenso
Zeus	Deus	Olíbano, Musgo de Carvalho, Verbena, Sálvia
Raguel	Arcanjo	Ylang-Ylang, Magnólia
Mihr	Anjo	Olíbano
Aamon	Demônio (Marquês)	Jasmim

Astrologia

Planeta	Dia da Semana	Cor
Vênus	Sexta	Azul Celeste

Itens para Rituais e Feitiços

- ❖ Vela rosa

- ❖ Incenso: Olíbano, Canela, Jasmim

- ❖ Mel

- ❖ Alecrim

- ❖ Flor de Ervilha Doce

Mantra

Om Hraum Mitraya Namaha
Om Eim Saraswatiyei Namaha
Om Eim Saraswatiyei Namaha

Tradução

Que a luz da amizade brilhe por todo o meu ser, atraindo para mim pessoas dignas.

Cartas de Tarot

- ❖ Três de Copas

- ❖ Seis de Copas

Sugestões

Reconciliar uma amizade exige tempo e paciência. Não tente apressar as coisas lançando vários feitiços ou trabalhando com vários espíritos ao mesmo tempo. Tenha fé no seu trabalho mágico e aguarde os resultados aparecerem. Minha sugestão é que você trabalhe com Aamon, pois este demônio tem a capacidade de causar a amizade entre pessoas. Além do que, demônios são conhecidos por serem espíritos mais fáceis de se trabalhar.

AMOR

Espíritos Que Podem Ajudar

Espírito	Título	Incenso
Freya	Deusa	Nag Champa, Sândalo, Hortelã
Afrodite	Deusa	Rosa, Olíbano, Mirra, Baunilha, Canela, Cipreste
Eros	Deus	Rosa, Murta
Hator	Deusa	Mirra, Canela

Astrologia

Planeta	Dia da Semana	Cor
Vênus	Sexta	Azul Celeste

Itens para Rituais e Feitiços

- ❖ Velas: rosa, vermelha

- ❖ Essência e pétalas de rosas

- ❖ Incenso: Rosa, Lavanda, Jasmim, Morango

- ❖ Maçã, morango

- ❖ Cravo, canela

- ❖ Açúcar, mel

- ❖ Hidromel

- ❖ Vinho rosé

Mantra

Que o amor puro e verdadeiro surja em minha vida. Que eu possa amar e ser amado.

Cartas de Tarot

- ❖ Os Enamorados

- ❖ Dois de Copas

Sugestões

O amor é um sentimento puro que surge espontaneamente entre duas pessoas. Não é correto tentar forçar alguém a nos amar. Portanto, procure sempre atrair amor verdadeiro, o amor correspondido. Uma opção é se trabalhar com Afrodite em uma sexta-feira, porque ela também é conhecida como a deusa Vênus, especialista em questões amorosas.

CASAMENTO

Espíritos Que Podem Ajudar

Espírito	Título	Incenso
Hera	Deusa	Mirra, Rosa, Jasmim, Íris, Madressilva, Patchouli
Isis	Deusa	Mirra, Sândalo, Olíbano
Frigg	Deusa	Lírio do Vale
Jeliel	Anjo	Benjoim

Astrologia

Planeta	Dia da Semana	Cor
Vênus	Sexta	Azul Celeste

Itens para Rituais e Feitiços

❖ Velas: branca, rosa

❖ Óleo essencial de cravo

❖ Incenso: Sálvia, Lavanda

❖ Água benta

❖ Objetos que representam a união do casal (certidão de casamento, alianças, fotos, etc.)

❖ Vinho espumante ou Champanhe

Mantra

Om Radha Krishnaya Namaha

Tradução

Saudações a Radha e Krishna.

Cartas de Tarot

❖ Os Enamorados

❖ Dez de Ouros

❖ Dez de Copas

❖ Quatro de Paus

Sugestões

Se seu casamento está passando por dificuldades, é possível resolver com a ajuda da magia. Mas nunca tente forçar o outro a fazer aquilo que ele não quer. O objetivo do seu trabalho mágico deve ser sempre o de trazer paz e discernimento para o casal. Hera é uma excelente opção de espírito para se trabalhar. Ela é a rainha dos deuses gregos e representa a maternidade e família. Hera está sempre disposta a ajudar a reconciliar um casamento que passa por dificuldades.

ATRAÇÃO SEXUAL

Espíritos Que Podem Ajudar

Espírito	Título	Incenso
Afrodite	Deusa	Rosa, Olíbano, Mirra, Baunilha, Canela, Cipreste
Eros	Deus	Rosa, Murta, Olíbano, Mirra, Maçã
Lilith	Demônio	Jasmim, Rosa

Astrologia

Planeta	Dia da Semana	Cor
Vênus	Sexta	Azul Celeste

Itens para Rituais e Feitiços

- ❖ Vela vermelha
- ❖ Pimenta vermelha
- ❖ Vinho tinto
- ❖ Rosa vermelha
- ❖ Gengibre
- ❖ Roupas íntimas
- ❖ Brinquedos sexuais

Mantra

Om Kroom Lingaya Om

Cartas de Tarot

- ❖ Os Enamorados
- ❖ A Imperatriz
- ❖ Ás de Paus
- ❖ O Diabo

Sugestões

Magia sexual é muito poderosa e pode atrair parceiros sexuais para a sua vida ou melhorar o seu relacionamento atual. Uma dica para potencializar o efeito desse tipo de magia é se masturbar durante o ritual, mas sempre tendo em mente que este é um ato sagrado. Se você for homem, também pode utilizar o seu sêmen como oferenda ao espírito que se está trabalhando.

GRAVIDEZ

Espíritos Que Podem Ajudar

Espírito	Título	Incenso
Hera	Deusa	Mirra, Rosa, Jasmim, Íris, Madressilva, Patchouli
Isis	Deusa	Mirra, Sândalo, Olíbano
Taweret	Deusa	Olíbano, Mirra
Freya	Deusa	Nag Champa, Sândalo, Hortelã
Frigg	Deusa	Lírio do Vale

Astrologia

Planeta	Dia da Semana	Cor
Lua	Segunda	Prata

Itens para Rituais e Feitiços

❖ Vela verde

❖ Incenso: Maçã, Floral, Jasmim, Calêndula, Framboesa, Rosa Vermelha

❖ Cristais: Pedra da Lua, Cornalina, Quartzo Rosa, Fluorita

❖ Óleos essenciais: Gerânio, Lavanda, Rosa

Mantra

Om Devki-sut Govind Vasudev Jagatpate
Dehi Me Tanyam Krishna Twamham Sharnam Gateh

Tradução

Ó Filho de Devaki e Vasudeva, o Senhor do Universo.
Ó Krishna! Me dê um filho. Eu me refugio em você.

Cartas de Tarot

❖ A Imperatriz

❖ O Sol

❖ Ás de Paus

❖ Ás de Copas

❖ Valete de Copas

Sugestões

Prepare um ritual para ser realizado em uma noite de lua cheia. Se for possível, o faça ao ar livre em um dia em que a Lua esteja visível no céu. Se você possui um companheiro e está tentando engravidar dele, pode ser uma boa opção incluir magia sexual no ritual.

MENSAGEM / CONTATO

Espíritos Que Podem Ajudar

Espírito	Título	Incenso
Hermes	Deus	Cânfora, Mirra, Açafrão, Sangue de Dragão
Iris	Deusa	Íris, Violeta, Lavanda, Mirra
Exú	Orixá (divindade africana)	Pitanga, Melancia, Pimenta
Gabriel	Arcanjo	Sândalo Branco, Ginseng, Cânfora

Astrologia

Planeta	Dia da Semana	Cor
Mercúrio	Quarta	Roxo

Itens para Rituais e Feitiços

❖ Incenso de qualquer tipo (a fumaça do incenso representa o elemento ar que levará sua mensagem até seu alvo)

❖ Objetos que representam comunicação

❖ Foto da pessoa

Mantra

[Nome da pessoa] entrará em contato comigo o mais breve possível. Conversaremos em paz e resolveremos todas as pendências que existem entre nós.

Cartas de Tarot

❖ Todos os Valetes (copas, espadas, ouros, paus)

❖ Oito de Paus

Sugestões

As vezes não é possível entrar em contato diretamente com alguém que precisamos conversar. Neste caso, a magia pode nos ajudar a convencer alguém a entrar em contato com a gente. Utilize o elemento ar para levar sua mensagem até a pessoa que você deseja se comunicar. Seja claro em sua mensagem e peça para que ela o contate o mais rapidamente possível.

SAÚDE / CURA

Espíritos Que Podem Ajudar

Espírito	Título	Incenso
Apolo	Deus	Cipreste, Cravo, Canela, Artemísia
Omolú	Orixá (divindade africana)	Cânfora, Violeta, Dama da Noite, Café
Aladiah	Anjo	Lavanda
Mitzrael	Anjo	Hortelã
Anauel	Anjo	Eucalipto

Astrologia

Planeta	Dia da Semana	Cor
Sol	Domingo	Amarelo

Itens para Rituais e Feitiços

- ❖ Velas: vermelha, verde, azul

- ❖ Cristais: Ametista, Quartzo

- ❖ Luz violeta

- ❖ Incenso: Sálvia, Sândalo, Olíbano

Mantra

Om Tryambakam Yajamahe
Sugandhim Pushti Vardhanam
Urva Rukamiva Bandhanan
Mrityor Mukshiya Mamritat

Tradução

Adoremos o Senhor Shiva, quem é sagrado e nutre todos os seres. Do mesmo modo como um pepino maduro se solta do ramo que está ligado tão logo amadureça, que sejamos liberados da morte (do corpo mortal), nos sendo concedido a realização da natureza imortal.

Cartas de Tarot

- ❖ O Sol

- ❖ A Força

- ❖ O Mago

- ❖ O Louco

- ❖ O Imperador

❖   A Imperatriz

Sugestões

Sempre procure a ajuda de um médico para qualquer problema de saúde. As ajudas espirituais devem ser utilizadas em conjunto com os tratamentos médicos convencionais. Dito isso, você pode fazer um ritual de energização com Ametista, aliado a um ambiente iluminado com luz violeta, enquanto você mentaliza seu corpo envolto por chamas de luz violeta. Esta combinação é realmente poderosa.

PROTEÇÃO

Espíritos Que Podem Ajudar

Espírito	Título	Incenso
Zeus	Deus	Olíbano, Musgo de Carvalho, Verbena, Sálvia
Odin	Deus	Sangue de Dragão, Pinho, Sândalo
Miguel	Arcanjo	Incenso de São Miguel Arcanjo
Lúcifer	Rei, Imperador, Príncipe	Sândalo, Lavanda, Cedro

Astrologia

Planeta	Dia da Semana	Cor
Saturno	Sábado	Preto

Itens para Rituais e Feitiços

❖ Vela preta

❖ Incenso: Mirra, Sete Ervas, Citronela, Sangue de Dragão

❖ Alho, pimenta

❖ Plantas: Alecrim, Arruda, Comigo-ninguém-pode, Espada de São Jorge

Mantra

Aad Guray Nameh
Jugaad Guray Nameh
Sat Guray Nameh
Siri Guroo Dayvay Nameh

Tradução

Eu reverencio o Guru.
Eu reverencio o Guru de todas as eras.
Eu reverencio o Verdadeiro Guru.
Eu reverencio o Grande Guru Invisível.

Cartas de Tarot

❖ O Hierofante

❖ A Estrela

❖ A Suma Sacerdotisa

Sugestões

Para atrair proteção para sua vida, você pode contar com a ajuda de um dos poderosos espíritos listados no início deste capítulo, aliado a um banho de ervas protetoras como a Espada de São Jorge.

PURIFICAÇÃO

Espíritos Que Podem Ajudar

Espírito	Título	Incenso
Hefesto	Deus	Olíbano, Sangue de Dragão, Pinho
Apolo	Deus	Cipreste, Cravo, Canela, Artemísia
Loki	Deus	Sangue de Dragão, Pimenta
Baldur	Deus	Canela, Olíbano
Miguel	Arcanjo	Incenso de São Miguel Arcanjo

Astrologia

Planeta	Dia da Semana	Cor
Sol	Domingo	Amarelo

Itens para Rituais e Feitiços

- ❖ Velas: branca, cinza, preta

- ❖ Incenso: Mirra, Sândalo, Hortelã-pimenta

- ❖ Ervas: Guiné, Manjericão, Pimenta

- ❖ Sal grosso

Mantra

Om Gam Ganapataye Namaha

Tradução

Saudações ao Removedor de Obstáculos.

Cartas de Tarot

- ❖ A Morte

- ❖ A Torre

Sugestões

Todos os espíritos citados neste capítulo são regentes do fogo ou tem o fogo como seu elemento. Portanto, é uma ótima ideia utilizar o fogo para purificar qualquer ambiente ou a sua vida. Mas essa purificação acontece mentalmente, visualizando o elemento fogo expandindo e purificando todo o espaço. JAMAIS coloque fogo em qualquer material ou objeto.

INIMIGOS

Espíritos Que Podem Ajudar

Espírito	Título	Incenso
Odin	Deus	Sangue de Dragão, Pinho, Sândalo
Miguel	Arcanjo	Incenso de São Miguel Arcanjo
Nelchael	Anjo	Lavanda
Hahahel	Anjo	Camomila
Malphas	Demônio (Príncipe)	Estoraque
Haures	Demônio (Duque)	Sândalo

Astrologia

Planeta	Dia da Semana	Cor
Saturno	Sábado	Preto

Itens para Rituais e Feitiços

* ❖ Vela preta
* ❖ Incenso: Olíbano, São Miguel, Eucalipto
* ❖ Água benta
* ❖ Sal grosso
* ❖ Foto do inimigo

Mantra

*Om Hleem Baglamukhi Sarwdushtanam Wacham Mukham Padam Stambhay
Jihwa Kilay Buddhi Vinashay Hleem Om Swaha*

Tradução

Deusa, interrompa a fala e pare os pés dos meus inimigos. Destrua o intelecto deles.

Cartas de Tarot

* ❖ O Carro
* ❖ Cinco de Espadas

Sugestões

Faça um ritual de banimento com a foto do inimigo pedindo para que ele se afaste completamente da sua vida. Por último, queime a foto utilizando a chama de uma vela preta.

SONHO LÚCIDO

Espíritos Que Podem Ajudar

Espírito	Título	Incenso
Hecate	Deusa	Mirra, Romã, Artemísia, Canela, Papoila
Hahahiah	Anjo	Alecrim, Lavanda
Lauviah	Anjo	Benjoim

Astrologia

Planeta	Dia da Semana	Cor
Netuno	Não tem	Preto

Nota: Netuno é sem dúvidas o planeta responsável pelos sonhos, intuição e sensibilidade psíquica, porém, ele não é um dos sete planetas principais que regem nossas vidas devido a sua distância da Terra. Portanto, ele não possui um dia da semana na qual ele governa.

Itens para Rituais e Feitiços

- ❖ Vela prateada

- ❖ Incenso: Jasmim, Ópio, Artemísia, Rosa

- ❖ Cristais

- ❖ Óleos essenciais: Rosa, Sândalo, Patchouli, Cravo, Anis, Alecrim, Cedro, Artemísia

Mantra

Da próxima vez em que eu sonhar, lembrarei que estou sonhando.

Cartas de Tarot

- ❖ Ás de Espadas

- ❖ Rei de Espadas

Sugestões

Antes de se deitar para dormir, acenda um dos incensos listados neste capítulo. Em seguida, deite-se na cama em uma posição confortável e comece a entoar o mantra até que você pegue no sono. IMPORTANTE: Coloque o incenso dentro de um recipiente apropriado à prova de fogo. Mantenha o local ventilado com a janela aberta.

ADIVINHAÇÃO

Espíritos Que Podem Ajudar

Espírito	Título	Incenso
Hecate	Deusa	Mirra, Romã, Artemísia, Canela, Papoila
Apolo	Deus	Cipreste, Cravo, Canela, Artemísia
Hermes	Deus	Cânfora, Mirra, Açafrão, Sangue de Dragão, Cravo
Isis	Deusa	Mirra, Sândalo, Olíbano

Astrologia

Planeta	Dia da Semana	Cor
Netuno	Não tem	Preto

Nota: Netuno é sem dúvidas o planeta responsável pelos sonhos, intuição e sensibilidade psíquica, porém, ele não é um dos sete planetas principais que regem nossas vidas devido a sua distância da Terra. Portanto, ele não possui um dia da semana na qual ele governa.

Itens para Rituais e Feitiços

- ❖ Incenso: Cânfora, Jasmim, Artemísia, Rosa
- ❖ Objetos que refletem: espelho negro, tigela com água, bola de cristal
- ❖ Tarot, Lenormand, Baralho Cigano
- ❖ Runas, moedas

Mantra

Ong Namo Guru Dev Namo

Tradução

Eu me curvo à Inteligência Infinita e Sabedoria Criativa. Me curvo ao Divino Mestre interior.

Cartas de Tarot

- ❖ A Suma Sacerdotisa
- ❖ A Lua
- ❖ Ás de Copas
- ❖ Quatro de Copas

❖   Ás de Espadas

Sugestões

Advinhação requer habilidades naturais psíquicas ou o completo domínio das ferramentas de advinhação, como o Tarot, por exemplo. Experimente o Lenormand, que é um baralho com uma curva de aprendizado menor que a do Tarot.

DINHEIRO

Espíritos Que Podem Ajudar

Espírito	Título	Incenso
Hades	Deus	Olíbano, Cipreste, Narciso, Hortelã, Romã, Patchouli, Mirra
Njord	Deus	Cedro, Verbena
Bune	Demônio (Duque)	Sândalo
Seere	Demônio (Príncipe)	Cedro

Astrologia

Planeta	Dia da Semana	Cor
Júpiter	Quinta	Azul

Itens para Rituais e Feitiços

❖ Vela verde

❖ Incenso: Canela, Cravo, Patchouli, Jasmim, Vetiver, Baunilha, Pinho, Açafrão, Cardamomo

❖ Plantas: Dinheiro em Penca, Trevo

Mantra

Om Shreem Mahalakshmiyei Namaha

Tradução

Saudações a grande Lakshmi. Que você derrame suas bênçãos sobre mim.

Cartas de Tarot

❖ Dez de Ouros

❖ Seis de Paus

❖ Nove de Ouros

❖ Ás de Ouros

❖ A Roda da Fortuna

Sugestões

Quando queremos atrair mais dinheiro para nossa vida é necessário que haja uma fonte de onde o dinheiro virá. Então, sempre foque em coisas concretas, como aumento de salário, um emprego melhor, aumento das vendas da sua empresa, etc. Pedir mais dinheiro sem especificar como isso deverá ocorrer, pode resultar em consequências indesejáveis.

SORTE E SUCESSO

Espíritos Que Podem Ajudar

Espírito	Título	Incenso
Tique	Deusa	Olíbano
Ganesh	Deus	Calêndula, Jasmim, Erva-cidreira
Lelahel	Anjo	Rosas
Lehahiah	Anjo	Alecrim
Yelaiah	Anjo	Erva-doce
Bune	Demônio (Duque)	Sândalo

Astrologia

Planeta	Dia da Semana	Cor
Júpiter	Quinta	Azul

Itens para Rituais e Feitiços

❖ Vela verde

❖ Incenso: Limão, Baunilha, Santo Expedito, Lavanda

❖ Ervas: Orégano, Hortelã, Patchouli, Manjericão, Louro

Mantra

Chig Du Drol Chon Nu Nyid Chang Dam Pei Ne

Tradução

Grande Espírito dos Oito Destinos, dê-me a Quintessência da Sorte Infinita.

Cartas de Tarot

❖ Ás de Ouros

❖ Ás de Copas

❖ O Sol

❖ O Mundo

❖ A Estrela

Sugestões

A primeira coisa a se fazer para atrair sorte e sucesso é eliminar os obstáculos da sua vida. Portanto, comece por fazer um ritual de purificação a fim de se livrar de todas as influências negativas. Em uma quinta-feira — dia de Júpiter — prepare um banho com as ervas listadas neste capítulo para atrair sorte e sucesso em todas as áreas.

BELEZA

Espíritos Que Podem Ajudar

Espírito	Título	Incenso
Freya	Deusa	Nag Champa, Sândalo, Hortelã
Afrodite	Deusa	Rosa, Olíbano, Mirra, Baunilha, Canela, Cipreste
Hator	Deusa	Mirra, Canela
Jophiel	Arcanjo	Cravo

Astrologia

Planeta	Dia da Semana	Cor
Vênus	Sexta	Azul Celeste

Itens para Rituais e Feitiços

❖ Vela rosa

❖ Incenso de Lavanda

❖ Pétalas de rosa cor de rosa

❖ Vinho rosé

Mantra

Om Padma Sundharyei Namaha

Tradução

Om e saudações para Ela que personifica a beleza.

Cartas de Tarot

❖ O Sol

❖ A Estrela

❖ A Imperatriz

Sugestões

Prepare um banho com pétalas de rosa e ilumine o ambiente com velas de cor rosa. Escreva uma conjuração chamando por Afrodite e a recite durante o banho de beleza. Realize este ritual em uma sexta-feira, o dia de Vênus.

APÊNDICE: FEITIÇOS DE DINHEIRO E AMOR

Dinheiro

Neste feitiço vamos trabalhar com o deus Hades, portanto, todos os itens utilizados são parte da natureza de Hades. Por isso que ao invés de utilizarmos uma vela verde, vamos utilizar uma vela preta.

Você vai precisar de:

- ❖ Uma vela preta
- ❖ Uma garrafa de vinho
- ❖ Folhas de hortelã
- ❖ Incenso: Hortelã, Romã ou Mirra
- ❖ Um prato ou pires

Este feitiço deve ser realizado sobre o solo. Não ignore este detalhe.

1 - Coloque a vela no meio do prato e as folhas de hortelã ao redor da vela.

2 - Acenda o incenso e chame pelo nome de Hades por aproximadamente três minutos.

3 - Acenda a vela preta e, em seguida, derrame um pouco do vinho na terra.

4 - Faça seus pedidos a Hades de forma clara e direta. Repita por três vezes.

5 - Derrame mais um pouco do vinho na terra e agradeça a Hades por ter recebido seus pedidos.

*Deixe a vela e o incenso queimarem até o fim.

*Não há necessidade de utilizar todo o vinho da garrafa. O vinho que sobrar, você pode consumir normalmente.

Amor

Não é do meu feitio ensinar feitiços para manipular alguém. Mas como eu sei que a maioria das pessoas que procuram por feitiços de "amor" desejam atrair uma pessoa específica, resolvi colocar neste livro uma forma de alcançar este objetivo.

Você vai precisar de:

- ❖ Uma vela vermelha
- ❖ Incenso de Jasmim
- ❖ Uma maçã e alguns morangos
- ❖ Pétalas de rosas vermelhas
- ❖ Uma garrafa de vinho tinto
- ❖ Um copo de vidro

❖ Papel em branco

❖ Caneta vermelha

Este feitiço deve ser realizado entre 3:00 e 4:00 da madrugada.

1 - Em um pedaço de papel em branco, escreva exatamente o que você deseja que aconteça entre você e a pessoa amada, incluindo o seu nome e o nome dele(a).

2 - Coloque a vela no centro do prato e o decore com as pétalas de rosas, morangos e maçã.

3 - Posicione o copo e a garrafa de vinho na frente do prato. Deixe a garrafa aberta para facilitar o processo.

4 - Acenda o incenso e chame pelo nome de Lilith por aproximadamente três minutos.

5 - Continue a chamar por Lilith enquanto acende a vela vermelha.

6 - Coloque um pouco do vinho no copo e ofereça a Lilith.

7 - Peça para Lilith exatamente o que você escreveu no papel. Faça isso por três vezes. Em seguida, queime o papel na chama da vela.

8 - Agradeça a presença de Lilith e permaneça em silêncio por alguns minutos contemplando o seu trabalho.

*Deixe a vela e o incenso queimarem até o fim.

*O vinho que sobrar na garrafa pode ser consumido normalmente

MAGIA CRISTÃ

Aprenda a Usar o Poder dos
Anjos e Santos
para Alcançar Seus Objetivos

PIERRE MACEDO

CONTEÚDO

INTRODUÇÃO: MAGIA CRISTÃ

Eu criei o termo Magia Cristã para apresentar uma forma de magia que trabalha com as forças espirituais presentes no cristianismo, que são os anjos e santos. No meu livro Segredos da Magia e Bruxaria, eu detalho de forma completa a magia tradicional, que é praticada por aqueles que tem afinidades com o paganismo, ou seja, as pessoas que acreditam em vários deuses. Mas se você tem dificuldades em pedir ajuda a seres não muito conhecidos pela maioria das pessoas, uma boa alternativa é a Magia Cristã que explicarei no decorrer deste livro.

A maneira mais fácil de fazer pedidos a anjos e santos é através de orações simples que se aprende nas igrejas católicas. Tais orações são válidas e podem trazer resultados, mas com certeza não é tão eficaz quanto a magia. As orações não englobam elementos importantes, como as oferendas, preparação do ambiente e a preparação do corpo e alma.

Como a proposta deste livro é ensinar um tipo de magia mais amigável a pessoas cristãs, alguns conceitos que são comumente atribuídos a magia, não serão abordados aqui. Iremos focar na busca dos nossos objetivos pessoais sempre respeitando os direitos de cada um e a vontade do próximo.

Por fim, este livro traz um material inédito que tenta conciliar duas coisas que sempre pareceram como água e óleo: magia e cristianismo. Desejo que seu aprendizado seja pleno e que você consiga colocar em prática tudo ensinado aqui.

PERGUNTAS E RESPOSTAS

O que a Bíblia diz sobre magia?

A Bíblia é expressamente contra as práticas de magia, bruxaria, adivinhação e os médiuns. Várias passagens da Bíblia, inclusive algumas violentas, condenam tais atos, pois o livro prega que somente Deus pode atuar em nossas vidas. Porém, a igreja católica possui alguns ritos que são praticados na magia como, por exemplo, acender velas para orar, queimar incenso, fazer promessas (oferendas), etc. Portanto, com todo respeito as diversas opiniões contrárias, eu não vejo conflito entre um cristão praticar magia e o que está na Bíblia, desde que nos limitemos a utilizar os elementos presentes em diversas vertentes do cristianismo.

Qual a importância das oferendas?

Eu costumo dizer que não existe almoço grátis em lugar algum, seja no plano físico ou no plano astral. Quando recorremos a ajuda de Deus, anjos e santos, é essencial que ofertamos algo em troca da realização do nosso pedido. É comum fazermos promessas e isso é um tipo de oferenda, apesar de não ser tão eficaz. É preciso ofertar algo que você tenha comprado ou preparado especialmente para aquela ocasião ou algum objeto que seja seu e que tenha algum valor para você. Veja a seguir, o texto de Gênesis 4:3,4 que fala sobre oferendas:

"E aconteceu ao cabo de dias que Caim trouxe do fruto da terra uma oferta ao Senhor. E Abel também trouxe dos primogênitos das suas ovelhas e da sua gordura, e atentou o Senhor para Abel e para a sua oferta."

O que são anjos?

Segundo a Bíblia, anjos são seres que servem a Deus e são enviados para nos ajudar aqui na Terra. Mas essa é uma explicação simples que, na minha opinião, não traduz de fato o que são tais criaturas. Anjos são espíritos de alta classe responsáveis por diversas tarefas no universo que vão muito além de apenas ajudar os seres humanos em sua passagem pela Terra. Os anjos mais importantes e poderosos são chamados de arcanjos.

"Os anjos não são, todos eles, espíritos ministradores enviados para servir aqueles que hão de herdar a salvação?"

Hebreus 1:14

O que são santos?

Santos foram pessoas que tiveram uma vida dedicada a trabalhos humanitários e conseguiram a admiração de um grande grupo de pessoas. Para uma pessoa ser declarada santa, a igreja católica geralmente exige a comprovação de milagres, mas pode também ocorrer por martirizarão e decreto do papa. No entanto, é um processo demorado que pode levar décadas ou até mesmo séculos.

A santa mais famosa é Maria, Mãe de Jesus. Ela possui diversas identidades de acordo com o local onde apareceu em vários países.

Por que as vezes as orações não funcionam?

A falta de objetividade é um dos principais motivos do porquê orações não funcionam como o esperado. Fazer um pedido vago, irá produzir um resultado também vago. Portanto, seja bem claro no que você deseja alcançar. Outro ponto é a falta de possibilidades para que algo aconteça. Imagine que você deseja uma casa própria e pede isso para Deus. Você precisa se perguntar de onde sairá o dinheiro para a compra dessa casa, pois sem uma fonte de renda compatível, é impossível que você consiga comprar uma casa. É mais eficiente você pedir por um emprego melhor ou ter sucesso no seu negócio próprio, pois isso são coisas mais concretas e possíveis de serem realizadas.

Outro fator importante é a oferenda. Uma oferenda compatível com o nível do pedido é necessária. As chamadas promessas somente são eficazes quando beneficiam a Deus, aos anjos e santos de alguma forma. Por exemplo, você prometer que irá subir uma escada de joelhos é algo inútil do ponto de vista do espírito que irá te ajudar. Mas se você prometer divulgar sua graça alcançada como forma de atrair fiéis, já é algo mais interessante.

Por que orar para santos ao invés de Jesus?

Nas minhas pesquisas sobre experiências religiosas, eu encontrei diversas evidências de que Jesus quer que nós usemos seus santos como forma de intercessão perante Ele. Em algumas dessas evidências, o próprio Jesus é quem diz claramente isso, como quando apareceu para Santa Brígida dizendo que ela deveria pedir a intercessão de São Judas. Mas por que o próprio Deus se recusaria a ajudar as pessoas que o contatam de forma direta? Bem, não sei a resposta correta, mas tenho alguns palpites. Talvez não sejamos dignos de requisitar ajuda diretamente a Ele ou talvez Ele queira que a gente reconheça a importância de seus santos. Mas a hipótese que considero mais provável é a de que os santos atuam como advogados, na qual o Senhor os permite tentar convencê-Lo a nos conceder a graça desejada. Seja qual for o motivo, o fato é que os santos são um presente de Deus para nós e eles estão aqui para nos ajudar.

ANJOS E SANTOS

Miguel

Também conhecido como São Miguel Arcanjo, talvez seja o mais importante dos anjos. Miguel é descrito em Apocalipse como aquele que liderou o exército de Deus contra as forças de Satã. Ele é um guerreiro que protege os desprotegidos. Podemos sempre recorrer a Miguel quando precisamos nos livrar de alguma influência ruim ou necessitamos de proteção contra nossos inimigos.

> *"Houve então uma batalha no céu: Miguel e seus anjos guerrearam contra o dragão. E o dragão lutou, junto com seus anjos, mas foram derrotados e expulsos do céu. E o enorme dragão, a antiga serpente, o diabo ou Satanás, como é chamado, o sedutor do mundo inteiro, foi lançado sobre a terra e seus anjos foram lançados junto com ele."*

Apocalipse 12, 1-18

Gabriel

O Arcanjo Gabriel é o mensageiro de Deus e foi o responsável por contar a Virgem Maria que ela estava grávida de Jesus. Este anjo pode nos trazer os recados que o Senhor tem para nós, os planos que Deus tem para nossa vida. Qualquer problema que envolva algum tipo de diálogo está ao alcance dos poderes de Gabriel.

> *"Enquanto, pois, eu falava e rezava, Gabriel, que eu tinha visto antes em visão, voou veloz até mim na hora da oblação da tarde. Ele me informou, falando comigo e dizendo: "Daniel, vim para instruir-te e fazer-te compreender"."*

> **Daniel 9, 20-27**

Rafael

Rafael é um arcanjo com o poder de curar todas as doenças. Foi ele quem curou as feridas de Jacó após ele passar toda uma noite lutando contra uma criatura misteriosa. Em algumas versões da Bíblia, Rafael foi o responsável por expulsar Adão e Eva do Jardim do Éder.

> *"Tobias saiu em busca de alguém que conhecesse o caminho e que fosse com ele à Média. Ao sair, encontrou o anjo Rafael de pé diante dele, mas não sabia que era um anjo de Deus. Disse-lhe, pois: "De onde és, ó jovem?". Respondeu-lhe: "Sou um dos israelitas, teus*

irmãos, e vim procurar trabalho". Perguntou-
lhe Tobias: "Conheces o caminho da Média?".

"Sim", respondeu ele. "

Tobias 5,4-6

Uriel

O Arcanjo Uriel é o responsável por aplicar as punições de Deus aos pecadores. Ele fez parte da tropa celestial que destruiu as cidades de Sodoma e Gomorra.

Metatron

Metatron é considerado um arcanjo superior a todos os outros anjos e mais poderoso até mesmo que Miguel. Seu nome significa o mais próximo do trono. Não se deve pedir nada a Metatron, pois ele não se coloca a serviço de nenhum ser humano. Ele tem o poder de interferir nas ações dos anjos em intercessão aos seres humanos. Portanto, devemos tão somente agradecer a este arcanjo pelas graças que nos foram concedidas.

Salatiel

É um arcanjo que não está presente na Bíblia, mas sim no apócrifo livro de Esdras, onde é citado como o responsável pelo nosso bem estar-físico e emocional. Quando fazemos nossas orações, este poderoso arcanjo nos acompanha.

Jeliel

Este anjo controla o destino dos governantes e protege o povo injustiçado. Ele também ajuda na reconciliação entre inimigos, além de garantir a paixão entre casais e evitar a infidelidade.

Theliel

Este é o anjo do amor e ele é capaz de convencer até as pessoas mais agressivas a terem compaixão.

Virgem Maria

Maria, Mãe de Jesus é a mais famosa entre todos os santos. Ela possui diversas aparições e milagres espalhados pelo mundo. Seus nomes são vários e podemos destacar a Nossa Senhora Aparecida, que é a padroeira do Brasil e Nossa Senhora de Fátima. Por ser a Mãe de Deus, Maria possui grande poder e é capaz de agir em todos os nossos problemas.

Maria viveu uma vida sem nenhum pecado e, por este motivo, foi a escolhida por Deus para dar à luz a Sua forma humana. Veja a seguir, a passagem bíblica em que Gabriel anuncia a Maria que ela estava grávida de Jesus:

"No sexto mês, o anjo Gabriel foi enviado por Deus a uma cidade da Galileia chamada Nazaré, a uma virgem, noiva de um homem de nome José, da casa de Davi. A virgem chamava-se Maria. Entrando onde ela estava,

disse-lhe o anjo: "Alegra-te, ó cheia de graça,

o Senhor é contigo"."

Lucas 1, 26-38

A oração da Ave Maria é muito poderosa e conhecida por todos os católicos, mas deixo a seguir, a oração do Papa Francisco para a Virgem Maria:

Ó Maria, Tu sempre brilhas em nosso

caminho como sinal de salvação e esperança.

Nós nos entregamos a Ti, Saúde dos

Enfermos, que na Cruz foste associada à dor

de Jesus, mantendo firme a Tua fé. Tu,

Salvação do povo romano, sabes do que

precisamos e temos a certeza de que

garantirás, como em Caná da Galiléia, que a

alegria e a celebração possam retornar após

este momento de provação. Ajuda-nos, Mãe

do Divino Amor, a nos conformarmos com a

vontade do Pai e a fazer o que Jesus nos

disser. Ele que tomou sobre Si nossos

sofrimentos e tomou sobre Si nossas dores

para nos levar, através da Cruz, à alegria da

Ressurreição. Sob a Tua proteção, buscamos

refúgio, Santa Mãe de Deus. Não desprezes as

nossas súplicas, nós que estamos na provação,

e livra-nos de todo perigo, Virgem gloriosa e

abençoada. Amém.

Santa Ana e São Joaquim

Santa Ana foi a mãe de Maria e avó de Jesus. Ela era casada com São Joaquim e não podia ter filhos. Não ter filhos naquela época era uma humilhação para a mulher, que era vista como amaldiçoada, e também para o homem, que era discriminado por não ter um herdeiro. Mas Ana e Joaquim eram um casal de muita fé e rezavam sempre para que Deus os ajudassem a alcançar a graça de ter um filho.

Em um momento em que Joaquim saiu em penitência no deserto, um anjo apareceu para ele e disse que suas preces tinham sido ouvidas. Este mesmo anjo apareceu para Ana e disse a mesma mensagem. Em pouco tempo, Ana engravidou e deu à luz a Maria, a Santíssima Mãe de Jesus.

Pelo fato de Santa Ana ter tido problemas para engravidar e precisar da ajuda divina, ela é muito procurada por mulheres que tentam ter um filho e não conseguem.

Oração a Santa Ana:

Com filial disposição em meu coração,

prostro-me aos vossos pés, ó bem-aventurada

Santa Ana!

Sois aquela criatura eleita, que mereceu a

grande graça de Deus pelas vossas virtudes e

santidade: dar à luz ao Tesouro de todas as graças, a bendita entre as mulheres, a Mãe do Verbo, Santíssima Virgem Maria.

Contemplando os vossos privilégios, eu vos suplico, ó santa bondosa, permita que eu me torne membro da comunidade dos vossos servos escolhidos e a ela possa pertencer até o final de minha vida.

Cobre-me com a vossa poderosa proteção e a graça de imitar as vossas virtudes, pelas quais vos distinguistes aqui na terra. Concedei-me o reconhecimento dos meus pecados e o verdadeiro arrependimento, dai-me o amor ardente a Jesus e Maria, e a graça do pleno e constante cumprimento dos deveres de meu estado.

Livrai-me de todos os perigos nesta vida e esteja ao meu lado no último momento da minha vida, para que eu possa alcançar a salvação, entrar no céu, para convosco, ó mãe bem-aventurada, louvar e glorificar por toda a eternidade o Verbo de Deus que a vossa

Imaculada Filha, a puríssima Virgem Maria,

carregou no seu ventre.

Amém.

Santo Antônio

Este é o santo dos milagres e, recebe este título, pois efetuou muitos milagres em diversas áreas, mas talvez seja mais conhecido pela fama de santo casamenteiro. Existem muitos relatos de pessoas que conseguiram se casar com a ajuda dele.

É importante destacar que não devemos faltar com respeito a nenhum ser espiritual, seja ele qual for. Nesse sentido, existe uma conhecida simpatia em que mulheres invertem a imagem do santo com a condição de que ele as conceda um marido. Este ato desrespeitoso contra Santo Antônio não deve ser praticado, pois não produzirá nenhum efeito positivo.

Oração a Santo Antônio:

Ó Santo Antônio, o mais gentil dos santos, teu

amor a Deus e tua caridade com Suas

criaturas, fizeram com que foste digno de

possuir poderes miraculosos. Motivado(a) por

este pensamento, peço-te que... (formular o

pedido). Ó gentil e amoroso Santo Antônio,

cujo coração estava sempre cheio de simpatia

humana, sussurra minha súplica aos ouvidos

do doce Menino Jesus, que adorava estar em

teus braços. A gratidão do meu coração será

sempre tua. Amém.

São Pedro

Pedro é o apóstolo mais mencionado na Bíblia. Ele acompanhou Jesus em sua caminhada desde o começo e foi o primeiro a reconhecer Jesus como o Filho de Deus. Seu nome de batismo era Simão, mas Jesus o deu um novo nome, Kepa - pedra ou rocha em hebraico. Kepa - traduzido como Pedro para o português - escutou de Jesus que Sua igreja seria construída sobre aquela pedra (Pedro) e que a ele seriam dadas as chaves do reino do céu. Essa passagem bíblica para muitos teólogos, quer dizer que Pedro foi escolhido como o representante de Cristo na Terra. Assim, Pedro é considerado como sendo o primeiro Papa.

Oração a São Pedro:

Glorioso São Pedro, creio que vós sois o

fundamento da Igreja, o pastor universal de

todos os fiéis, o depositário das chaves do céu,

o verdadeiro vigário de Jesus Cristo. Eu me

glorio de ser vossa ovelha, vosso súdito e filho.

Uma graça vos peço com toda a minha alma:

guardai-me sempre unido a vós e fazei que

antes me seja arrancado do peito meu coração

do que o amor e a plena submissão que vos

devo nos vossos sucessores, os pontífices

romanos.

Viva eu e morra como vosso filho e filho da

Santa Igreja Católica Apostólica Romana.

Assim seja.

Amém.

São João Batista

João era filho de Isabel e Zacarias. Sua mãe era considerada estéril por nunca ter engravidado. Ela já tinha 60 anos quando o anjo Gabriel apareceu para Zacarias e anunciou que Isabel teria um filho que se chamaria João. Foi nesta mesma época que Gabriel contou a Maria que ela daria à luz a Jesus. Maria logo foi visitar Isabel, pois o anjo também a revelou que Isabel estava grávida.

São João Batista foi o profeta responsável por anunciar a vinda do Messias. Ele também foi quem batizou Jesus e, seu nome Batista, vem justamente da sua prática de batizar o povo.

Oração a São João Batista:

São João Batista, voz que clama no deserto:

"Endireitai os caminhos do Senhor... fazei

penitência, porque no meio de vós está quem

não conheceis e do qual eu não sou digno de

desatar os cordões das sandálias", ajudai-me a

fazer penitência das minhas faltas para que eu

me torne digno do perdão Daquele que vós

anunciastes com estas palavras: "Eis o

Cordeiro de Deus, eis Aquele que tira os

pecados do mundo". São João Batista, rogai

por nós. Amém.

São José

José foi o marido da Virgem Maria e pai adotivo de Jesus. Participou da criação de Jesus e ajudou a formar Sua personalidade como pessoa humana. A pedido de um anjo, fugiu para o Egito juntamente com Maria e Jesus para escaparem de Herodes que pretendia matar o Messias.

José tem muita importância no reino de Deus e não deve ser esquecido nas orações. Em revelação a Santa Águeda, Nossa Senhora disse: "Os homens ignoram os privilégios que o Senhor concedeu a São José e quanto pode sua intercessão junto de Deus. Somente no dia do Juízo, os homens conhecerão sua excelsa santidade e chorarão amargamente por não haverem se aproveitado desse meio tão poderoso e eficaz para sua salvação e alcançar as graças de que necessitavam". Diante de tal revelação, fica claro que Deus nos deixou São José como um presente divino que podemos recorrer para alcançar as graças desejadas.

Oração a São José:

A vós, São José, recorremos em nossa tribulação e, tendo implorado o auxílio de vossa santíssima esposa, cheios de confiança, solicitamos também o vosso patrocínio. Por esse laço sagrado de caridade que vos uniu à Virgem Imaculada Mãe de Deus e pelo amor paternal que tivestes ao Menino Jesus, ardentemente vos suplicamos que lanceis um olhar favorável sobre a herança que Jesus Cristo conquistou com o seu sangue e nos socorrais em nossas necessidades com o vosso auxílio e poder. Protegei, ó guarda providente da Divina Família, o povo eleito de Jesus Cristo. Afastai para longe de nós, ó pai amantíssimo, a peste do erro e do vício. Assisti-nos do alto do céu, ó nosso fortíssimo sustentáculo, na luta contra o poder das trevas e, assim como outrora salvastes da morte a vida ameaçada do Menino Jesus, assim também defendei agora a Santa Igreja de Deus das ciladas do Inimigo e de toda adversidade. Amparai cada um de nós com o vosso constante patrocínio, a fim de que, com

vosso exemplo e sustentados com o vosso

auxílio, possamos viver virtuosamente, morrer

piedosamente e obter no céu a eterna bem-

aventurança. Amém.

São Judas Tadeu

São Judas foi um dos doze apóstolos, filho de Cléofas e Maria de Cléofas - irmão de José e irmã de Maria, respectivamente. Portanto, São Judas Tadeu era primo de Jesus.

Ele é conhecido como o santo das causas impossíveis e isso é afirmado pelo próprio Jesus em uma aparição a São Bernardo de Claraval, onde Ele pediu ao santo que aceitasse São Judas como o santo padroeiro do impossível. Em uma aparição a Santa Brígida, Jesus também falou pra ela pedir a intercessão de São Judas.

Oração a São Judas Tadeu:

São Judas Tadeu, glorioso apóstolo, fiel servo

e amigo de Jesus! A igreja vos honra e invoca

por todo o mundo como o patrono dos casos

desesperados e dos negócios sem remédio.

Rogai por mim que estou tão desolado! Eu vos

imploro, fazei uso do privilégio que tendes de

trazer socorro imediato, onde o socorro

desapareceu quase por completo. Assisti-me nesta grande necessidade, para que eu possa receber as consolações e o auxílio do céu em todas as minhas precisões, tribulações e sofrimentos.

São Judas Tadeu, alcançai-me a graça que vos peço.

(Faça o pedido)

Eu vos prometo, ó bendito São Judas, lembrar-me sempre deste grande favor e nunca deixar de vos louvar e honrar como meu especial e poderoso patrono e fazer tudo o que estiver ao meu alcance para espalhar a vossa devoção por toda a parte.

São Judas Tadeu, dos casos desesperados e dos negócios sem remédio, rogai por nós!

São Judas Tadeu, dos casos desesperados e dos negócios sem remédio, rogai por nós!

São Judas Tadeu, dos casos desesperados e dos negócios sem remédio, rogai por nós!

Amém.

RITUAIS

Regras gerais

Antes de fazer qualquer um dos rituais cristãos listados neste livro, algumas regras precisam ser observadas. Elas têm como objetivo nos preparar para entrarmos em contato com a santidade das criaturas divinas.

1 - Não pratique atos sexuais antes ou durante um ritual

Qualquer ato sexual, incluindo a masturbação, está ligado aos prazeres da carne. Antes de solicitar a ajuda do Senhor pela intercessão de Seus santos e anjos, precisamos nos purificar. Permaneça por três dias antes do ritual sem efetuar nenhum ato sexual.

2 - Consagre todos os objetos usados no ritual

Copos, pratos, suporte de vela e outros objetos utilizados em um ritual, precisam ser consagrados em nome do Senhor Jesus para que fiquem livres de qualquer impureza espiritual.

3 - Descarte as oferendas em local apropriado

Oferendas materiais devem ser descartadas na natureza. Se não for possível efetuar o descarte no mesmo dia após o ritual, guarde e descarte no dia seguinte. Se for algum objeto de valor, não fique tentado a voltar no local para recuperar o objeto, pois ele não te pertence mais. Portanto, pense bem no que você vai oferecer.

Ritual de purificação e limpeza espiritual

Este ritual serve para afastar de nossas vidas e do nosso lar, todas as influências negativas, sejam elas espirituais ou pessoas que não nos fazem bem.

Os itens que você irá precisar são apenas uma vela branca e incenso. O incenso de olíbano é uma excelente opção por ser considerado um incenso de elevação espiritual. Mas se você não encontrar este incenso, pode utilizar qualquer outro.

Passo a passo

1 - Improvise um altar sobre algum móvel da sua casa ou em qualquer outro lugar mais adequado. Coloque a vela e o incenso de forma segura para evitar qualquer tipo de acidente.

2 - Acenda a vela e o incenso.

3 - De frente para o altar, recite a seguinte oração:

Deus, vinde em meu auxílio. Senhor, socorrei-
me e salvai-me. Glória ao Pai, ao Filho e ao
Espírito Santo, assim como era no princípio,
agora e sempre. Amém.

4 - Recite as invocações dos nove coros de anjos:

Pela intercessão de São Miguel Arcanjo e do
Coro Celeste dos Serafins, o Senhor me faça
digno do fogo da perfeita caridade.

Pela intercessão de São Miguel Arcanjo e do
Coro Celeste dos Querubins, o Senhor me
conceda a graça de trilharmos a estrada da
perfeição cristã.

Pela intercessão de São Miguel Arcanjo e do
Coro Celeste dos Tronos, o Senhor me
conceda o espírito da verdadeira humildade.

Pela intercessão de São Miguel Arcanjo e do
Coro Celeste das Dominações, o Senhor me dê
a graça de podermos dominar os nossos
sentidos.

Pela intercessão de São Miguel Arcanjo e do
Coro Celeste das Potestades, o Senhor me
guarde das traições e tentações do demônio.

Pela intercessão de São Miguel Arcanjo e do
Coro Celeste das Virtudes, o Senhor me
conceda a graça de não sermos vencidos no
combate perigoso das tentações.

Pela intercessão de São Miguel Arcanjo e do
Coro Celeste dos Principados, o Senhor me dê
o espírito da verdadeira e sincera obediência.

Pela intercessão de São Miguel Arcanjo e do
Coro Celeste dos Arcanjos, o Senhor me
conceda o dom da perseverança na fé e boas
obras.

Pela intercessão de São Miguel Arcanjo e do
Coro Celeste dos Anjos, o Senhor me conceda
que estes espíritos bem-aventurados nos
guardem sempre, e principalmente na hora da
nossa morte.

5 - Faça a seguinte oração ao seu Anjo de Guarda:

Santo Anjo do Senhor, meu zeloso guardador.
Se a ti me confiou a piedade Divina, sempre
me rege, me guarde, me governe, me ilumine.
Amém.

6 - Reze um Pai Nosso e uma Ave Maria.

7 - Caso a vela e o incenso estejam em local seguro sem risco de incêndio, pode deixar que queimem até o fim, caso contrário, apague ambos.

Dica: caso esteja purificando um local, você pode espalhar a fumaça do incenso ao término do ritual enquanto reza o Pai Nosso.

Ritual para problemas difíceis

Este ritual é para problemas de difícil solução, que você já tentou resolver de outras formas e não obteve sucesso. O santo das causas impossíveis vai estar de prontidão para elevar suas preces a Deus e interceder em seu nome.

Você deverá ficar sem praticar nenhuma atividade sexual durante todos os nove dias de duração do ritual e você vai precisar de uma vela branca, uma maçã e um copo de água.

A maçã e o copo de água serão ofertados apenas no primeiro dia da novena. Nos dias seguintes não é necessário fazer oferendas. Já a vela branca será utilizada em todos os nove dias.

Passo a passo

1 - Improvise um altar sobre algum móvel da sua casa ou em qualquer outro lugar mais adequado. Coloque sobre o altar a vela, o copo com água e a maçã.

2 - Acenda a vela e faça o sinal da cruz seguido de um Pai Nosso e uma Ave Maria.

3 - Faça a oração a São José:

Ó glorioso São José, a quem foi dado o poder

de tornar possível as coisas humanamente

impossíveis. Vinde em meu auxílio nas

dificuldades em que me encontro. Tomai sob

vossa proteção as causas importantes que vos

confio, para que tenham uma solução favorável. Ó pai muito amado, em vós deposito toda a minha confiança. Que ninguém possa jamais dizer que vos invoquei em vão. E dado que tudo podeis junto de Jesus e Maria, mostrai-me que a vossa bondade é tão grande como o vosso poder. Amém.

4 - Faça a oração a São Judas Tadeu:

São Judas Tadeu, glorioso apóstolo, fiel servo e amigo de Jesus! A igreja vos honra e invoca por todo o mundo como o patrono dos casos desesperados e dos negócios sem remédio.

Rogai por mim que estou tão desolado! Eu vos imploro, fazei uso do privilégio que tendes de trazer socorro imediato, onde o socorro desapareceu quase por completo. Assisti-me nesta grande necessidade, para que eu possa receber as consolações e o auxílio do céu em todas as minhas precisões, tribulações e sofrimentos.

São Judas Tadeu, alcançai-me a graça que vos peço.

(Faça o pedido)

Eu vos prometo, ó bendito São Judas, lembrar-me sempre deste grande favor e nunca deixar de vos louvar e honrar como meu especial e poderoso patrono e fazer tudo o que estiver ao meu alcance para espalhar a vossa devoção por toda a parte.

São Judas Tadeu, dos casos desesperados e dos negócios sem remédio, rogai por nós!

São Judas Tadeu, dos casos desesperados e dos negócios sem remédio, rogai por nós!

São Judas Tadeu, dos casos desesperados e dos negócios sem remédio, rogai por nós!

Amém.

5 - Faça a oferenda a São Judas Tadeu:

Ó poderoso São Judas Tadeu, confiante de que o senhor fará tudo que estiver ao vosso alcance para me ajudar, lhe ofereço de bom

grado este copo de água e esta maçã. Amém.

6 - Faça o sinal da cruz.

7 - Apague a vela. Esta mesma vela deverá ser utilizada nos outros oito dias da novena.

8 - Despeje a água do copo na terra, podendo ser no seu quintal, numa planta, árvore, etc. Já a maçã, deverá ser colocada no pé de alguma árvore.

Ritual do amor para casais

Este ritual é para pessoas que já possuem um companheiro e desejam fazer com que haja sempre amor e paixão entre o casal, sem traições e brigas.

Para este ritual seria ideal um incenso de rosas. Caso não consiga, providencie outro incenso que tenha um aroma doce. Você também vai precisar de três velas brancas, três maçãs vermelhas e uma foto do casal. Não é essencial, mas pétalas de rosas vermelhas ajudariam a deixar o altar mais belo.

Passo a passo

1 - Monte um altar sobre algum local adequado da sua casa e coloque sobre ele todos os itens listados anteriormente. Deixe o altar o mais belo possível.

2 - Faça o sinal da cruz e acenda o incenso. Acenda as velas e reze um Pai Nosso e uma Ave Maria depois de cada vela que você acender.

3 - Faça a seguinte oração para Jeliel:

Poderoso Anjo Jeliel, aquele que espalha o Amor Divino e reconcilia os casais, fazendo com que sejam sempre fiéis. A ti recorro nesse momento de necessidade para que tragas paz, amor e paixão para meu casamento. Que eu e meu companheiro sejamos sempre fiéis uns aos outros e que não haja discórdias entre nós. Anjo Jeliel, traga as bençãos dos céus para minha vida e encha meu coração e do meu companheiro de sentimentos puros em harmonia com o Senhor Jesus. Não permitas que nada e nem ninguém atrapalhe nossa união e que o amor sempre prevaleça. Amém.

4 - Faça a oferenda:

Amado Jeliel, em agradecimento por ter escutado minhas preces e confiante de que intercederás por mim, eu lhe ofereço estas três maçãs.

Amém.

5 - Finalize com um Pai Nosso.

6 - Caso a vela e o incenso estejam em local seguro sem risco de incêndio, pode deixar que queimem até o fim, caso contrário, apague ambos.

7 - Coloque as três maçãs no pé de alguma árvore.

Ritual do amor verdadeiro

Este ritual tem como objetivo trazer para nossa vida alguém que nos amará de verdade. Portanto, este não é um ritual para atrair ninguém em específico, pois este tipo de prática não tem espaço no cristianismo.

Similar ao ritual anterior, neste também vamos trabalhar com um anjo e você vai precisar de uma vela branca e três maçãs. É um ritual simples, mas que é feito durante três dias.

Passo a passo

1 - Improvise um altar sobre algum móvel da sua casa ou em qualquer outro lugar mais adequado. Coloque sobre o altar a vela e uma maçã. As outras duas maçãs serão utilizadas no segundo e terceiro dia.

2 - Acenda a vela e faça o sinal da cruz seguido de um Pai Nosso e uma Ave Maria.

3 - Faça a seguinte oração para Theliel:

Ó glorioso Theliel, anjo do amor, venha em meu auxílio nesse momento em que necessito da graça divina. Interceda por mim no campo do amor. Coloque em minha vida uma pessoa que me amará de verdade para que possamos ter um relacionamento feliz e construir uma família juntos. Eu sempre me lembrarei deste grande favor, ó poderoso Theliel, e farei o que

estiver ao meu alcance para que teu nome

chegue até aqueles que necessitam de vossa

ajuda. Amém.

4 - Faça a oferenda:

Amado Theliel, em agradecimento por ter

escutado minhas preces e confiante de que

intercederás por mim, eu lhe ofereço esta

maçã. Amém.

5 - Finalize com um Pai Nosso e apague a vela.

6 - Coloque a maçã no pé de alguma árvore.

Repita o ritual novamente por mais dois dias utilizando a mesma vela. No terceiro dia, você pode deixar a vela queimar até o fim, caso ela esteja em um local seguro sem risco de incêndio.

Ritual da prosperidade financeira

Todos nós queremos ter uma melhor condição financeira, pois precisamos de dinheiro para quase tudo nesse mundo. Mas é preciso entender que não tem como aparecer dinheiro na nossa vida do nada, sem um meio para isso. Algumas formas na qual é possível entrar dinheiro na nossa vida, incluem: ser promovido no emprego atual, encontrar um emprego com melhor salário, aumento de vendas do seu negócio, etc. Portanto, certifique-se de que já exista alguma fonte de renda na sua vida ou que você está correndo atrás de uma. O que não pode é você ficar sentado esperando chover dinheiro.

Os itens necessários para este ritual são apenas três velas brancas, um copo de água e um pão.

Passo a passo

1 - Improvise um altar sobre algum móvel da sua casa ou em qualquer outro lugar mais adequado. Coloque sobre o altar as três velas uma do lado da outra, o copo com água e o pão.

2 - Acenda a vela do meio e reze um Pai Nosso e acenda a vela da esquerda e reze uma Ave Maria.

3 - Acenda a vela da direita e faça a oração:

Ó Santo Antônio, o mais gentil dos santos,

teu amor a Deus e tua caridade com Suas

criaturas, fizeram com que foste digno de

possuir poderes miraculosos. Motivado(a) por

este pensamento, peço-te que... (formular o

pedido). Ó gentil e amoroso Santo Antônio,

cujo coração estava sempre cheio de simpatia

humana, sussurra minha súplica aos ouvidos

do doce Menino Jesus, que adorava estar em

teus braços. A gratidão do meu coração será

sempre tua. Amém.

Na oração acima, na parte indicada para fazer o pedido, você deverá pedir o que for mais adequado a sua realidade como, por exemplo, uma promoção no trabalho, um emprego novo, mais clientes para a sua loja, etc.

4 - Faça a oferenda:

Ó meu amado Santo Antônio, agradeço por

ter recebido meus pedidos e, estando

confiante de que intercederás por mim, lhe

ofereço este copo de água e este pão como

forma de agradecimento. Amém.

5 - Apague as velas ou deixe elas queimarem até o fim, caso não haja nenhum risco de acidente.

6 - A água do copo pode ser despejada na terra e o pão colocado em um local de natureza.

Ritual de cura

Antes de mais nada, é preciso lembrar que nós devemos procurar um médico sempre que a nossa saúde exigir cuidados. Eles são profissionais capacitados para nos ajudar. Portanto, este ritual de cura com o Arcanjo Rafael não deve ser usado para substituir a ajuda médica.

Você vai precisar de quatro velas brancas e de incenso de mirra ou olíbano. O incenso de mirra é ideal, pois possui propriedade medicinal, além de purificar e proteger contra energias negativas.

Passo a passo

Este ritual é um pouco diferente e não iremos utilizar altar e nem fazer oferendas. Será um processo de oração e meditação.

1 - Encontre um local calmo, onde você possa estar em paz e relaxar. Providencie algumas almofadas ou colchonete para que você possa se sentar confortavelmente no chão.

2 - Cada uma das velas deve ser colocada em uma posição ao seu redor, sendo na frente, atrás, direita e esquerda. Mantenha uma distância segura entre as velas e o material sobre o qual você está sentado para evitar qualquer acidente. O incenso pode ser colocado próximo da vela que está a sua frente.

3 - Acenda as velas e o incenso.

4 - Sente-se em posição de meditação e relaxe seu corpo.

5 - Faça o sinal da cruz e reze um Pai Nosso e uma Ave Maria para o Arcanjo Rafael. Dedique as duas orações ao arcanjo.

6 - Faça a seguinte oração:

Ó bondoso São Rafael Arcanjo, eu te invoco

como patrono daqueles que foram atingidos

pela doença ou enfermidade corporal.

Tu preparaste o remédio que curou a cegueira

de Tobias e seu nome significa "O Senhor

Cura".

Dirijo-me a ti, implorando teu auxílio divino

em minha necessidade atual:

(Fazer o pedido).

Se for da vontade de Deus, cura minha
enfermidade ou, pelo menos, conceda-me a
graça e a força de que necessito para poder
suportá-la com paciência, oferecendo-a pelo
perdão dos meus pecados e pela salvação de
minha alma.

Ensina-me a unir meus sofrimentos com os de
Jesus e Maria e a buscar a graça de Deus na
oração e na comunhão.

Quero imitar-te em tua ânsia de fazer a
vontade de Deus em todas as coisas.

Como o jovem Tobias, eu te escolho como
meu companheiro em minha viagem através
deste vale de lágrimas. Quero seguir tuas
inspirações em cada passo do caminho, para
que eu possa chegar ao fim da minha viagem

sob a tua proteção constante e na graça de

Deus.

Arcanjo São Rafael Bendito, tu que te
revelaste a ti mesmo como o assistente divino
do Trono de Deus, venha à minha vida e
ajuda-me neste momento de prova.

Conceda-me a graça e a bênção de Deus e o
favor que te peço por tua poderosa
intercessão.

Grande Médico de Deus, cura-me como
fizeste com Tobias, se esta for a vontade do
Criador.

São Rafael, Recurso de Deus, Anjo da Saúde,
Medicina de Deus, roga por mim.

Amém.

Na oração acima, o pedido de cura para sua enfermidade deve ser feito no local apropriado indicado na oração em "(Fazer o pedido)".

7 - Após rezar para Rafael, feche os olhos e relaxe o corpo e a mente. Imagine o Arcanjo Rafael a sua frente, enviando uma luz brilhante em sua direção. Essa luz cobre todo o seu corpo, lhe enchendo de vitalidade, saúde e paz.

8 - Após terminar sua meditação, reze novamente um Pai Nosso e uma Ave Maria dedicados a Rafael.

9 - Apague as velas e o incenso.

É muito importante que você continue com seu tratamento médico e, ao mesmo tempo, tenha fé de que Rafael está trabalhando na sua cura.

Meditação com a Virgem Santíssima

Nossa Senhora é um ser de muita luz que pode nos ajudar sempre que precisamos. Ela é uma Mãe para nós e faz de tudo para nos colocar no caminho de Jesus. O poder da Virgem é muito grande e Ela pode operar em nossas vidas, se assim desejarmos.

Através da oração Ave Maria, nós pedimos para que a Rainha do Céu rogue por nós agora e na hora da nossa morte, mas é importante abrir os nossos corações para que a Virgem possa cuidar da gente em todos os momentos, pois tudo que a Nossa Mãe quer para nós é o nosso bem.

O exercício que descrevo aqui, eu criei como um ato de recepção e boas-vindas a Nossa Senhora em nossa vida. É bem simples de fazer e não necessita de nenhum item especial.

Passo a passo

1 - Escolha um local sossegado onde ninguém vai te interromper e onde não haja muito barulho.

2 - Certifique-se de que o espaço onde você irá se sentar seja confortável.

3 - Sente-se confortavelmente e relaxe seu corpo e mente.

4 - Faça a seguinte oração três vezes:

Maria Mãe de Deus, Nossa Senhora, Virgem

Santíssima, Imaculada Conceição, Rainha de

tantos títulos e glórias. Vos fostes a escolhida

para receber as graças do Divino Espírito

Santo e dar à luz ao Nosso Salvador. Mãe

amorosa, caridosa e sem pecados, que

acompanhou Jesus em todos os momentos de

Sua vida aqui na Terra e O acompanha

eternamente no céu. Eu A convido para

entrar na minha vida e abro meu coração para

que a Senhora possa fazer as obras

necessárias. Peço que a Senhora cure as

feridas do meu corpo e alma e me guie no meu

caminho, agora e para sempre. Amém.

5 - Feche os olhos e esvazie sua mente de todas as preocupações. Imagine uma luz dourada surgindo a sua frente e se aproximando de você. Esta é a luz da Virgem Maria que irá envolver o seu corpo lhe protegendo de todo o mal. Alternativamente, você pode visualizar a figura da Virgem ao invés da luz e, neste caso, você deve imagina-La o abraçando e o envolvendo com Seu manto sagrado.

6 - Ao terminar, recite a oração da Salve Rainha:

Salve Rainha, Mãe de misericórdia, vida,

doçura, esperança nossa, salve! A Vós

bradamos, os degredados filhos de Eva. A Vós
suspiramos, gemendo e chorando neste vale
de lágrimas. Eia, pois, advogada nossa, esses
Vossos olhos misericordiosos a nós volvei. E,
depois deste desterro, nos mostrai Jesus,
bendito fruto do Vosso ventre. Ó clemente, ó
piedosa, ó doce Virgem Maria. Rogai por nós,
Santa Mãe de Deus, para que sejamos dignos
das promessas de Cristo. Amém.

7 - Para finalizar, diga a seguinte invocação por três vezes:

Ó Maria concebida sem pecado, rogai por nós que recorremos a
Vós.

CPSIA information can be obtained
at www.ICGtesting.com
Printed in the USA
LVHW081957091121
702889LV00002B/89